Fitness im Schulsport und im Breitensport

Michael Medler / Walter Mielke

Fitness im Schulsport und im Breitensport

Neumünster 1991

2. Auflage
© Sportbuch-Verlag Ⓜ Corinna Medler, Semmelweisstraße 9
2350 Neumünster · Tel. (0 43 21) 5 12 42
Nachdruck, auch auszugsweise, nur mit Genehmigung des Verfassers
Zeichnungen: Michael Medler, Neumünster
Herstellung: Evert-Druck, Neumünster
ISBN 3-9800 188-8-1

Inhaltsverzeichnis

		Seite
1.	Einleitung	7
2.	Die gesundheitliche Aufgabe des Schulsports	9
3.	Anforderungen und Belastungen durch den Schulsport	12
4.	Das Verhältnis von Schulsport und außerschulischem Sport	15
5.	Fitneß im Schnittpunkt von Ausdauer, Kraft und Beweglichkeit	17
6.	Funktionell-anatomische Grundlagen und ihre Bedeutung für das Fitneßtraining	20
7.	Kleine Muskelkunde	29
8.	**Beweglichkeit und Beweglichkeitstraining**	**41**
	8.1 Allgemeines und Aufgaben	41
	8.2 Methoden der Beweglichkeitsschulung	43
	8.3 Anatomische und physiologische Grundlagen	45
	8.4 Unfunktionelle Übungen	48
	8.5 Abhängigkeit von Alter und Geschlecht	50
	8.6 Wann welche Gymnastik?	51
	8.7 Permanentes Dehnen (Stretching)	54
	8.7.1 Methodische Gestaltung	54
	8.7.2 Aspekte der Motivation	55
	8.8 Übungsformen für das Beweglichkeitstraining	56
9.	**Kraft und Krafttraining**	**61**
	9.1 Grundlagen der Kraft	61
	9.2 Grundlagen des Krafttrainings	62
	9.3 Funktionalität von Kraftübungen	65
	9.3.1 Unfunktionelle Kraftübungen	65
	9.3.2 Krafttraining in Abhängigkeit vom Fasertyp	69
	9.4 Krafttraining im Fitneßbereich	70

			Seite
	9.5	Krafttraining im Schulsport	71
	9.6	Abhängigkeit von Alter und Geschlecht	73
	9.7	Rumpfkraft vor Extremitätenkraft	76
	9.8	Differenzierung und Individualisierung	77
	9.9	Schülergerechte Auswahl von Übungsformen und ihre Organisation	78
	9.10	Organisation des Krafttrainings	81
	9.11	Übungsformen für das Krafttraining	83
	9.12	Stabilisierungsübungen	120
10.		**Ausdauer**	128
	10.1	Grundlagen der Ausdauer	128
	10.2	Grundlagen des Ausdauertrainings	129
	10.3	Grundlagen des Ausdauertrainings im Fitneßbereich	131
	10.4	Der aerob-ausdauerwirksame Belastungsbereich	132
	10.5	Abhängigkeit von Alter und Geschlecht	133
	10.6	Methodik des Ausdauerlaufs	135
	10.7	Aerobic - Ausdauergymnastik mit Musik	137
	10.7.1	Aufbau eines Aerobicprogramms	139
	10.7.2	Auswahl der Musik	141
	10.8	Übungsformen für die Ausdauergymnastik	143
Anhang			176
Literaturverzeichnis			180

1. Einleitung

Fitneß ist zu einem Begriff geworden, der für alles Mögliche bemüht wird. Fit sein steht für gesund sein, aktiv sein, schlank sein, sich wohl fühlen. Fit sein wird gleichgesetzt mit positivem Lebensgefühl.

Genaues Hinsehen macht jedoch deutlich, daß eine pauschale Beurteilung nicht geeignet ist, das Thema Fitneß zu fassen. Seine Brauchbarkeit als Motiv für körperliche Bewegung z.B. ist nur da gegeben, wo körperliche Beeinträchtigung schon als Beeinträchtigung der Lebensqualität erfahren wurde. Das ist bei Erwachsenen der Fall, nicht aber bei Kindern und Jugendlichen. Für letztere ist Fitneß auch dann kein Motiv für regelmäßiges Sporttreiben, wenn die Auswirkungen zivilisationsbedingten Bewegungsmangels schon tiefe Spuren hinterlassen haben. Das ist um so bemerkenswerter, als gerade die Bewegungsreize am wichtigsten sind, die während des Wachstums gesetzt werden. Versäumtes ist später kaum nachzuholen.

Deutliches Abbild der unterschiedlichen Motivstrukturen sind die Bewegungsangebote im schulischen und außerschulischen Bereich. Während sich im letzteren eine vielseitige Bewegungskultur herausgebildet hat mit zugkräftigen Angeboten wie Jogging, Aerobic und Stretching, ist der Schulsport davon fast unberührt geblieben. Die zivilisationsbedingten Probleme mit Kindern und Jugendlichen und die Wirkungslosigkeit des derzeitigen Schulsports auf diesem Gebiet lassen eine Öffnung für solche Programme geraten erscheinen.

Undifferenzierte Zustimmung kann jedoch nicht alles erfahren, was in den verschiedenen Programmen angeboten wird. Das gilt sowohl für traditionelle wie auch für moderne Vorschläge. Die traditionellen Circuittrainings- und Konditionsprogramme und auch die modernen Gymnastik- und Aerobicprogramme bergen eine Vielzahl von Fehlern und möglichen Fehlerquellen, so daß eine differenzierte Sichtweise erforderlich ist. Es ist vor allem das Verdienst der manuellen Medizin, daß mit der Auswahl der Bewegungsangebote heute kritischer umgegangen wird, als es in der Vergangenheit üblich war.

Das vorliegende Buch soll helfen, die kritischen Punkte aufzuzeigen. Gängige Vorschläge werden kritisch überprüft und auf der Basis neuerer Erkenntnisse diskutiert. Zu den Themenbereichen Beweglichkeit, Kraft und Ausdauer, in deren Schnittpunkt wir das Thema Fitneß angesiedelt sehen, werden konkrete praktische Programme mit einer Vielzahl von Übungsformen zusammengetragen.

2. Die gesundheitliche Aufgabe des Schulsports

Daß Sport etwas mit Gesundheit zu tun hat, gilt als selbstverständlich. Das gilt ganz besonders auch für den Schulsport. Kein Lehrplan für das Fach Sport verzichtet darauf, die gesundheitliche Aufgabe des Schulsports besonders hervorzuheben. Kinder und Jugendliche brauchen Bewegung, Spiel und Sport für eine gesunde psychische und körperliche Entwicklung.

Die physiologische Gesetzmäßigkeit, daß Funktionen des Körpers sich nur dann entwickeln und erhalten, wenn sie beansprucht werden, gilt für Kinder und Jugendliche in besonderem Maße, denn als entscheidende Entwicklungsreize müssen die angesehen werden, die während des Wachstums gesetzt werden.

Das gesundheitliche Motiv liegt im Zentrum der pädagogischen und öffentlichen Anerkennung des Schulsports. Es erhält heute noch zusätzliches Gewicht, da man weiß, daß die Anforderungen des zivilisierten Lebens auch schon für die Heranwachsenden eine Reihe von Problemen aufwerfen, die als Bewegungsmangelkrankheiten oder Zivilisationskrankheiten deutliche Spuren hinterlassen.

Ohne Zweifel hat die regelmäßige sportliche Betätigung große Bedeutung für die körperliche Leistungsbreite und die Belastbarkeit des Organismus und damit auch eine umfangreiche gesundheitliche Wirkung gegen die Gefahren des zivilisierten Lebens. Die Diskussion um die gesundheitliche Bedeutung und Wirkung des Schulsports ist mithin vor allem an der Quantität, weniger oder fast gar nicht an der Qualität orientiert. Drei Sportstunden, gleichmäßig über die Woche verteilt, das ist die durch trainingswissenschaftliche und medizinische Erkenntnisse abgesicherte gesundheitliche Forderung an die Organisation des Schulsports. Da sich die alltäglichen körperlichen Anforderungen an Kinder und Jugendliche in einem Belastungsbereich abspielen, der bei etwa 20 bis 40% ihrer Leistungsfähig-

keit liegt, jedoch erst ab etwa 50% mit gesundheitlichen
Wirkungen im Herz-Kreislaufsystem und im muskulären
Apparat gerechnet werden kann, kommt jedes Bewegungsangebot gerade recht.

Wie jedoch die Gesundheit konkret zum Thema des Schulsports wird, welche Bedingungen an die Praxis des Schulsports gestellt werden müssen, damit gesundheitliche
Forderungen erfüllt werden, darüber schweigt sich jeder
nach Sportarten strukturierte Lehrplan aus.

Der im Wachstum befindliche Körper bedarf selbstverständlich der besonderen Entwicklungsreize, er bedarf ganz
besonders aber auch der Aufmerksamkeit hinsichtlich der
Auswahl dieser Reize. Denn nicht jedes Bewegungsangebot
ist gesundheitswirksam, Gesundheit nicht nebenbei zu
erzielen. Die Einlösung des Gesundheitsmotivs kann nur
durch eine Praxis erreicht werden, in deren Mittelpunkt
Training steht. Das bedeutet einerseits systematische
Planung, und zwar auch in der Hinsicht, daß es nicht darum
gehen kann, den Schulsport zur Trainingsveranstaltung
vereinseitigen zu wollen, andererseits überschwellige
Reizsetzung. Je niedriger der Leistungsstand, desto
geringer ist sicherlich die Gefahr, durch ein nur allgemeines Training die Zielsetzung zu verfehlen, desto
aufmerksamer muß jedoch auf der anderen Seite die Auswahl
der Trainingsübungen betrieben werden, um Überlastungen
und einseitige Belastungen zu vermeiden.

In der Zeit bis zum Abschluß des Längenwachstums (bei
Mädchen bis etwa 16/17 Jahre, bei Jungen bis etwa 18/19
Jahre) liegt nicht nur die Chance umfassender körperlicher
Anpassung an und durch körperliche Beanspruchung, sondern
auch die Gefahr einer Gefährdung der substantiellen Struktur der noch nicht ausgereiften Knochen.

Der ambivalente Zusammenhang von Schulsport und
Gesundheit wird deutlich, wenn man an die vielen Sportunfälle denkt (etwa 50% aller Schulunfälle sind Sportunfälle), an die Verletzungsgefahren, an die zum Teil durch

Ehrgeiz übersteigerten Belastungen und an die mit vielen Sportarten einhergehenden hohen Belastungen des aktiven und passiven Bewegungsapparates, ohne daß ausreichende körperliche Voraussetzungen vorhanden wären.

Im Sinne der ARNDT-SCHULZschen Regel "Gebrauch erhält, Anstrengung fördert, Überanstrengung schadet" wird es auch im Schulsport bei durch Bewegungsmangel gemindertem Leistungspotential der Schüler darauf ankommen, die fördernde Anstrengung von der schädigenden Überanstrengung zu unterscheiden bzw. durch besondere körperbezogene Programme aufbauend und ausgleichend zu wirken.

Ein zu unbedachtes Vorgehen ist genauso zu verwerfen wie ein zu vorsichtiges. So ist die Forderung, Krafttraining zu vermeiden, nur dann angemessen, wenn sie sich auf das Bewegen von Fremdlasten und auf die Über-Kopf-Arbeit bezieht. Ein Krafttraining mit dem eigenen Körper ist in jedem Altersbereich ein wichtiges Thema.

Ebenso ist die Forderung, anstrengende Ausdauerbelastungen zu vermeiden, nur da richtig, wo sie sich auf anaerobe Ausdauerbelastungen bezieht. Aerobe Ausdauerbelastungen dagegen sind für die Gesundheit der Kinder und Jugendlichen ganz besonders förderlich.

Wie wenig man bisher insgesamt für einen gesundheitsorientierten Sport sensibilisiert ist, zeigt auch das Fehlen angemessener Wettkampfprogramme. Bundesjugendspiele und "Jugend trainiert für Olympia" sind weit davon entfernt, die Krönung des gesundheitsorientierten Sports zu sein. Im Gegenteil: Belohnt werden nur diejenigen, die sowieso schon Sport treiben. Beide Wettkampfprogramme sind kaum geeignet, die Schar der Sporttreibenden zu vergrößern bzw. diejenigen herauszufordern, die eine sportliche Betätigung jetzt oder später besonders nötig haben.

3. Anforderungen und Belastungen durch den Schulsport

Die Kritik an den Anforderungen des Schulsports im Zusammenhang mit gesundheitlichen Zielsetzungen ist im wesentlichen eine dreifache: Die in den Sportstunden erzielten Belastungen gelten erstens als **zu gering**, um trainingswirksam zu sein, zweitens als **zu einseitig**, um die körperlichen Funktionen umfassend zu entwickeln, und drittens als **zu reizarm**, um die Widerstandskräfte herauszufordern.

Gesundheitliche Wirkungen sind nicht selbstverständlich, sie stellen sich auch nicht von selbst ein, sondern sie bedürfen der aufmerksamen Planung und angemessener Rahmenbedingungen. Wer gesundheitliche Wirkungen erzielen will, muß sein Programm an den Grundsätzen des Trainings ausrichten, und das gelingt nur, wenn die notwendigen Trainingseinheiten (Unterrichtsstunden) in entsprechender Verteilung zur Verfügung stehen.

Erforderlich sind mindestens drei Belastungen pro Woche, nach den Gesetzen des Zusammenspiels von Belastung und Erholung gleichmäßig über die Woche verteilt. Der Minimalwert gesundheitlicher Wirkung wird durch Schulsport – obwohl in fast allen Klassenstufen drei Stunden in der Stundentafel stehen – nur in Ausnahmesituationen und dann auch nur in wenigen Abschnitten des Jahres erreicht. Die Zusammenlegung von zwei Stunden zu einer Doppelstunde, der Stundenausfall statt Vertretung - im Sportunterricht immer noch überproportional - , die zu enge Aufeinanderfolge von zwei Sportstunden an aufeinanderfolgenden Wochentagen, die Reduzierung von drei Stunden auf zwei mangels Personal bzw. Sportraum, die Erteilung von nur einer Doppelstunde - in der Oberstufe des Gymnasiums immer wieder genehmigte Praxis - und schließlich die Ferien, die jeden Trainingsprozeß immer dann auseinanderreißen, wenn Schüler nicht gelernt haben, alleine weiterzutrainieren, alles das sind vielfältige Gründe seiner Beeinträchtigung bis hin zur

Wirkungslosigkeit (vgl. auch FREY 1981).

Zu den schlechten Rahmenbedingungen gesellt sich nur zu oft inhaltliche Einseitigkeit. Die in den Lehrplänen und Richtlinien ausgeschriebene Angebotsvielfalt entspricht nicht dem realen Bild des Sportunterrichts. Der Trend weg von den Individualsportarten hin zu den Spielsportarten bedeutet eine Einbuße in der Vielseitigkeit und in der Gründlichkeit der körperlichen Ausbildung.

Mit dem Rückgang des Gerätturnens schon in der Grundschule z.B., das nicht nur wegen seiner vielen koordinativen Lerngelegenheiten, sondern auch wegen der in ihm liegenden Möglichkeiten einer vielseitigen und harmonischen körperlichen Ausbildung in diesem Altersabschnitt als Kinderstube des Sports bezeichnet wird, ist auch die Chance einer angemessenen Reizsetzung durch Kletter-, Hang-, Stütz-, Halte- und Sprungübungen für eine breitgefächerte muskuläre Entwicklung des Stütz- und Bewegungsapparates gefährdet.

Kinder in den Eingangsklassen der weiterführenden Schulen können heute zum großen Teil keinen Handstand, kein Rad, keinen Aufschwung und keinen Klimmzug mehr. Der Grund hierfür liegt in fast allen Fällen in nicht oder zu wenig ausgebildeter Rumpfmuskulatur, ein Versäumnis, das nicht nur nicht mehr nachgeholt werden kann, sondern auch Beeinträchtigungen anderer Anforderungen des Schulsports nach sich zieht. Daß der große Prozentsatz von Haltungsschwächen und Haltungsschäden von Kindern und Jugendlichen sich "im Laufe des Schullebens nicht verringert, sondern eher verstärkt" (DAMM 1987, 50), zeigt die Wirkungslosigkeit des Schulsports in diesem Bereich.

Die in den letzten Jahren in den Vordergrund gerückten Sportspiele wie auch die in jüngster Zeit an Zuspruch gewinnenden Rückschlagspiele bieten zwar angemessene Kreislaufbelastungen, beanspruchen jedoch schwerpunktmäßig die Antriebsmuskulatur der unteren Extremitäten. Typisch sind Belastungen der bremsenden Muskulatur im Fuß-, Bein-

und Hüftbereich, Scher- und Drehbewegungen bei Richtungswechseln und schnellen Reaktionen sowie Belastungen der Sprung- und Streckmuskulatur.

Dabei entsteht einerseits die Gefahr der Überlastung dieser Muskulatur selbst, andererseits kommt es zur Herausbildung eines Mißverhältnisses zwischen der immer stärker werdenden Antriebsmuskulatur der Extremitäten und einer nur schwach ausgebildeten Haltemuskulatur des Rumpfes, die dieser als Widerlager gilt.

Derartige muskuläre Ungleichgewichte setzen die Belastbarkeit des Bewegungsapparates herab und führen zu einer starken Beanspruchung der nur wenig stabilisierten Wirbelsäule. Verstärkt wird diese Problematik noch durch die Tendenz, den Sportunterricht schwerpunktmäßig in die Halle zu verlegen. Verletzungen in den Sportspielen resultieren dann in den meisten Fällen auch nicht aus Unfällen oder Foulspiel, sondern auf dem rutschfesten Hallenboden aus Ermüdung und Überbelastung des muskulär nicht genügend entwickelten Stütz- und Bewegungsapparates.

Die wegen ihrer Beliebtheit durch hohe Motivation, Ehrgeiz und Siegeswillen gekennzeichneten Spielsportarten fordern vor allem auch die leistungsschwächeren Schüler heraus und ihnen körperlich alles ab. Besonders betroffen sind die direkten Kontaktstellen im Sehnen- und Bandapparat der Füße sowie durch das Mißverhältnis zwischen Antriebsmuskulatur und Haltemuskulatur des Rumpfes die Wirbelsäule.

Mit anderen Worten: Die Belastungen des Schulsports selbst setzen einen guten Funktionszustand des aktiven und passiven Bewegungsapparates voraus, der durch die Bewegungsanforderungen nicht schon mitgeliefert wird. Wer anders als der Schulsport selbst aber ist aufgerufen, diese Voraussetzungen auf der Grundlage gründlicher Analyse zu schaffen?

Die Bevorzugung des Hallensports führt schließlich auch zum dritten Kritikpunkt: der Reizarmut des Schulsports.

Der Bau immer besserer und größerer Hallen hat in deutlicher Tendenz dazu geführt, den Sportunterricht immer mehr in die Hallen zu verlegen, so daß selbst traditionelle Draußen-Sportarten wie Fußball und Leichtathletik den ihnen angestammten Rasenplatz mehr und mehr verlassen. Wind und Wetter werden zu Abschreckungsfaktoren, die keinen Raum mehr für Entscheidungen lassen: Bis 20° ist es zu kalt, ab 20° ist es zu warm.

4. Das Verhältnis von Schulsport und außerschulischem Sport

Im Gegensatz zum Schulsport ist das Thema Gesundheit im außerschulischen Sport schon seit vielen Jahren von enormer Bedeutung mit einer Tragweite bis hin zu ganz konkreten praktischen Konzepten. Die gesellschaftliche Notwendigkeit gesundheitsorientierten Sporttreibens wird hier ernster genommen als im Schulsport.

Seit der Anfang der 70er Jahre vom DSB ins Leben gerufenen Aktion "Trimming 130" und dem Motivationsschub durch einige Modewellen, die vor allem aus Amerika zu uns herübergeschwappt sind, hat sich unter den Leitbegriffen "Gesundheit","Körpererfahrung", "Körperbewußtsein" ein neuer Sport etabliert. Er erhielt die notwendige Hilfestellung: von der Kreislaufmedizin (z.B. v.AAKEN 1974, HOLLMANN 1965, JUNG 1984), mit deren Hilfe dosierte Programme für den präventiven und rehabilitativen Ausdauersport erstellt wurden (siehe z.B DSB 1974, 1977), sowie von der funktionellen Anatomie und neuerdings der manuellen Medizin (siehe u.a. KNEBEL 1985,1988, MAEHL 1986, SPRING u.a. 1986), deren Augenmerk vor allem den orthopädischen Gesichtspunkten gilt.

Aerobic als Ausdauer- und Konditionsgymnastik mit - trotz

gegenteiliger Aussagen - großem Zuspruch in den Sportvereinen, Jogging, Trimm-Trab und Volkslauf mit einer wachsenden Zahl von Teilnehmern in den den Vereinen angegliederten Lauftreffs, Hantelgymnastik mit leichten Krafttrainingsprogrammen für jedermann bis hin zum Bodybuilding an den Kraftmaschinen in den Fitneßstudios sowie neue gymnastische Formen wie Stretching und Funktionsgymnastik sind die tragenden Säulen eines außerschulischen Fitneßsports, auf den sich der Schulsport bisher nur wenig eingelassen hat.

Auch wenn Gesundheit für Schüler (natürlich) noch kein Thema ist und deshalb auch keine Motivation für ihr Sporttreiben, erfordern rasche Veränderungen hin zu stärker gesundheitsorientierten Freizeitangeboten konzeptionelle Beiträge einer Beteiligung des Schulsports an dieser Entwicklung. Das gilt sowohl für die verschiedenen Ausdauerprogramme, die, mit leicht verständlicher Theorie unterlegt, wohl die beste Möglichkeit bieten, auch Kenntnisse gesundheitsorientierten Sports praxisnah zu vermitteln; das gilt aber auch für Programme zur Verbesserung der Beweglichkeit und der Kraft, die auf der Grundlage moderner Erkenntnisse für den Schulsport schon deshalb von Bedeutung sind, weil sie die traditionellen Vorschläge entrümpeln helfen.

Die gesundheitliche Aufgabe des Schulsports ist eine doppelte mit einer momentanen und einer zukünftigen Dimension. Die momentane gilt der aktuellen Gesundheitsförderung und ist im wesentlichen daran orientiert, den Schülern das notwendige Maß an Bewegung für eine harmonische körperliche und sportliche Entwicklung zuteil werden zu lassen. Die zukunftsbezogene umfaßt die Gesundheitserziehung. Sie muß darauf gerichtet sein, den Schülern praktische und theoretische Grundlagen und die notwendigen Erfahrungen für eine Teilnahme an außerschulischen Veranstaltungen sowie für eigene Initiativen zu vermitteln.

Diesen Aufgaben wird der Schulsport nur dann gerecht, wenn der Schüler neben den in den Lehrplänen ausgewiesenen Sportarten auch Fitneßprogramme kennenlernt. Ohne selbst Therapie sein zu wollen, kann der Schulsport die Körpertherapien auf Grundsätze und Übungen abfragen, die sich zur Übernahme in den Erziehungsbereich der Schule eignen. Dadurch schafft der Schulsport einerseits selbst die notwendige Ergänzung und den Ausgleich zu seinen eigenen einseitigen Belastungen, andererseits erleichtert das Bewußtsein, das alles schon einmal gemacht zu haben und zu kennen, den Zugang zu derartigen Angeboten im außerschulischen Bereich neben und nach der Schulzeit.

Wie wenig das bisher gelungen ist, zeigt einerseits die geringe Beteiligung von Kindern und Jugendlichen an Lauf-Treffs, andererseits das fast völlige Fehlen des männlichen Geschlechts bei Aerobicveranstaltungen, selbst wenn diese mit "Konditionsgymnastik" ausgeschrieben werden. Letzteres liegt wohl auch darin begründet, daß der Schulsport bisher dabei versagt hat, den Jungen einen Zugang zur rhythmischen Bewegungserziehung zu bahnen.

5. Fitneß im Schnittpunkt von Ausdauer, Kraft und Beweglichkeit

Körperlich fit zu sein, heißt, über ein gewisses Maß an Ausdauer, Kraft und Beweglichkeit zu verfügen. Ausdauer, Kraft und Beweglichkeit sind die Säulen eines Fitneßtrainings zur Erhaltung und Verbesserung der körperlichen Leistungsfähigkeit.

Bezugsgröße des Ausdauertrainings ist der Funktionszustand des Kreislaufs, beim Kraft- und Beweglichkeitstraining ist es der Funktionszustand des aktiven und passiven Bewegungsapparates. Im Unterschied zum Ausdauer- und Krafttraining, deren Ziel die Verbesserung der funktionellen Möglichkeiten des Organismus ist, geht es beim Beweglichkeitstraining schwerpunktmäßig um den Erhalt des Funktionszustandes des Bewegungsapparates.

Nicht nur, weil sie verschiedene Organsysteme beanspruchen, sondern auch, weil sie je für sich einseitige Belastungen darstellen, sind die körperlichen Leistungsfaktoren Ausdauer, Kraft und Beweglichkeit als Einheit zu sehen. Ein optimaler Funktionszustand des Organismus im Sinne körperlicher Fitneß wird nicht durch das Training eines einzelnen Leistungsfaktors erreicht (z.B. Joggen zur Verbesserung der Ausdauer), sondern erst in einem angemessenen Miteinander. Je für sich sind Ausdauer-, Kraft- und Beweglichkeitstraining einseitige Maßnahmen, die sogar mit gewissen Einschränkungen der Funktionstüchtigkeit des Organismus einhergehen können.

Ausdauerbelastungen müssen besonders lang sein, um ihre positive Wirkung auf den Kreislauf zu entfalten. Je länger sie aber sind, desto bedeutsamer werden die mit ihnen einhergehenden Belastungen des aktiven und passiven Bewegungsapparates. Die uneingeschränkt positive Beurteilung von Ausdauerbelastungen für den Kreislauf gilt nicht für den Stütz- und Bewegungsapparat. Ausdauerbelastungen bedürfen des Ausgleichs durch gezielte Dehnübungen und ergänzende Kraftübungen.

Darüber hinaus ist zu bedenken, daß beim Ausdauerlauf fast ausschließlich der "Funktionskreis" (KNEBEL 1985) der unteren Extremitäten und des Hüftgelenks angesprochen wird, für die Rumpfmuskulatur dagegen, die den Aktionen dieses Funktionskreises "gewissermaßen als Widerlager" (KNEBEL 1985, 30) dient, aber gar nichts getan wird.

Eine günstige Verbindung von Ausdauer und Kraft im Fitneß- wie im Grundlagenbereich ist das Kraftausdauertraining. Aber auch Kraftbelastungen sind in den meisten Fällen einseitige körperliche Beanspruchungen, die einen Ausgleich brauchen, und das in mehrfacher Hinsicht.

Da im Sport die Strecker offensichtlich stärker

belastet werden als die Beuger, wird auch in der
Trainingspraxis "die Streckmuskulatur ungleich mehr und
intensiver gekräftigt als die Beugemuskulatur" (KNEBEL
1985, 153). Dieses Versäumnis - gewisse Muskeln werden im
Trainingsprozeß geradezu vergessen - führt zu "einem
unausgewogenen Kräfteverhältnis von Agonisten und Antagonisten" (KNEBEL 1985, 153) mit Auswirkungen auf die von
den Muskeln umspannten Gelenke.

Im Schulsport sind es weniger Intensität und Umfang des
Trainings als vielmehr der durch Bewegungsmangel geschwächte Bewegungsapparat, der gleicher Aufmerksamkeit
bedarf. Muskuläre Defizite in einem nicht genügend entwickelten muskulären System führen schnell zur Ermüdung
und verstärken somit die Probleme einseitiger Belastung.
So konnten TAUCHEL/MÜLLER (1986) nachweisen, daß bei 10-
bis 14jährigen Schulkindern sowohl bei denjenigen, die
sportartspezifisch trainieren, als auch bei denjenigen,
die keinen außerschulischen Sport betreiben, muskuläre
Ungleichgewichte ganz besonders im Hüft- und Beckenbereich
zu verzeichnen sind.

Bei der Übungsauswahl werden oft spektakuläre Schnellkraftübungen den weniger interessanten Angeboten mit lang-
samer oder haltender Ausführung vorgezogen. Nicht selten
wird die Funktionalität dabei aus dem Auge verloren und
auch die Genauigkeit der Ausführung mißachtet.

Schließlich ist zu beachten, daß Krafttraining relativ
schnell zur Muskelverkürzung führt und damit auch zu einer
Beeinträchtigung des Bewegungsumfanges in den betroffenen
Bereichen. Wer die Kraft trainiert, muß auch die Beweglichkeit trainieren. Erst Kraft und Beweglichkeit zusammen
sind die Gewähr für einen optimalen Funktionszustand des
aktiven und passiven Bewegungsapparates.

Die Beweglichkeit ist allerdings auch deshalb im Auge
zu behalten, weil sie niemals schon mittrainiert wird. Sie
ergibt sich nicht als Abfallprodukt von Ausdauer- und
Krafttraining. Für die Beweglichkeit ist vielmehr ein auf

die anderen Belastungen zugeschnittenes Programm erforderlich, ohne das eine optimale Leistungsfähigkeit nicht erreicht werden kann.
Ein Training der Beweglichkeit allein ist kein geeignetes Fitneßprogramm. Während einseitiges Krafttraining zur "Einschränkung der Beweglichkeit der Gelenke" (MAEHL 1986, 39) führt, verursacht einseitiges Beweglichkeitstraining (Stretching) einen Spannungsverlust der Muskulatur, der mit einer Einschränkung der Kraftfähigkeit einhergeht (vgl. LETZELTER 1983, 15). "Nur ein mobiles und gleichzeitig stabiles Gelenk garantiert eine hohe Belastungsverträglichkeit" (KNEBEL 1988, 22).

"Bewegung ist kein isoliertes Einzelgeschehen", sondern die Aktion ganzer Muskelgruppen in einer "Funktionsgemeinschaft" (KNEBEL 1985, 37). Ausdauer, Kraft und Beweglichkeit sind ihre Leistungsfaktoren, aber erst bei Beachtung des gegenseitigen Wirkungsgefüges ist eine optimale Leistungsfähigkeit zu erzielen. Sie liegt in ihrem Schnittpunkt.

6. Funktionell-anatomische Grundlagen und ihre Bedeutung für das Fitneßtraining

Fitneßtraining bedarf der Beachtung anatomischer Voraussetzungen sowie des funktionalen Zusammenspiels von Muskeln und Muskelgruppen. Mit Ausdauer, Kraft und Beweglichkeit sind zwar die Säulen des Fitneßtrainings benannt, nicht aber die Qualität ihres Miteinander. Die wichtigsten funktionell-anatomischen Grundlagen seien dafür ganz kurz dargestellt.

Die Muskulatur des Menschen teilt sich in drei Gruppen: tonische, phasische und indifferente Mischformen (vgl. SPRING u.a. 1986, KNEBEL 1985 und 1988), von denen

letztere den größten Anteil ausmachen, die ersten beiden aber von besonderem Interesse sind.
Obwohl die Funktionen nicht mehr ganz eindeutig voneinander zu unterscheiden sind (vgl. SPRING u.a. 1986), können die tonischen Muskeln als "Halter" (verantwortlich für Haltung und Statik) und die phasischen als "Beweger" gekennzeichnet werden (vgl. KNEBEL 1985 und 1988).
Nahegelegt wird diese Unterscheidung wegen der charakteristischen Reaktionsmuster: Tonische Muskulatur neigt zur Verkürzung, phasische zur Abschwächung. Zwar hat die tonische Muskulatur im Normalfall eine angemessene Dehnfähigkeit und die phasische eine entsprechende Kraftfähigkeit, bei stetiger Unter- und Überbelastung jedoch und auch bei Fehlbelastung werden diese durch Tonuserhöhung der tonischen Muskulatur und Tonussenkung der phasischen Muskulatur empfindlich eingeschränkt. Es kommt zu muskulären Ungleichgewichten, wodurch auch ihr Zusammenspiel gestört wird.
Folge dieser muskulären Ungleichgewichte können Funktionsstörungen in bestimmten Körperpartien sein, auf die der Körper mit einer Änderung der Statik reagiert. Typisches Beispiel ist die Störung des Lenden-Becken-Hüftbereiches. Schwächen der Gesäß- und Bauchmuskulatur und Verkürzung der Rückenmuskeln im Bereich der Lendenwirbelsäule sowie der Hüftlendenmuskulatur (Lendendarmbeinmuskel) und der vorderen und hinteren Oberschenkelmuskulatur führen zu einer Beckenkippung nach vorne, auf die der Körper ausgleichend mit einer verstärkten Lendenlordose reagiert. Kreuzschmerzen und Rückenprobleme sind häufig die Folge. In ähnlicher Weise kann die Verkürzung der Brustmuskulatur Probleme im Halswirbelbereich, die Verkürzung der Unterarmmuskulatur den sog. Tennisellenbogen und die Verkürzung der Wadenmuskulatur Achillessehnenbeschwerden verursachen.

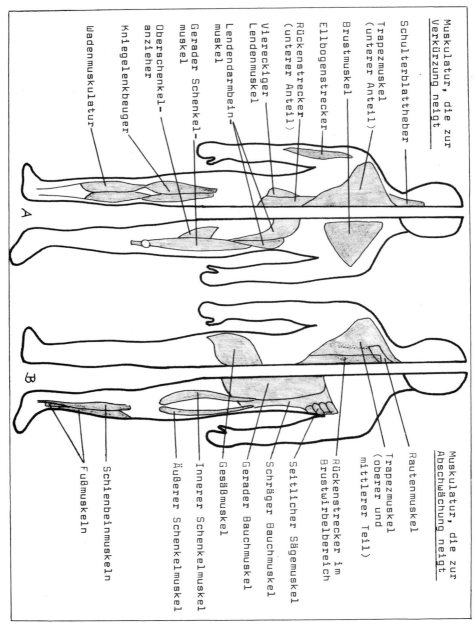

Abb. 1: **Muskeln, die zur Verkürzung (A) und zur Abschwächung (B) neigen**

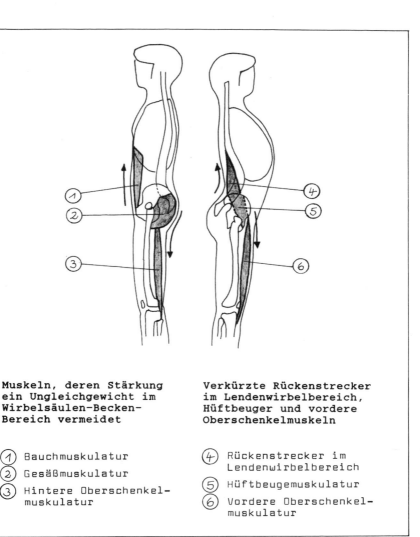

Abb. 2: Veränderung der Wirbelsäulen-Becken-Statik durch muskuläre Ungleichgewichte

Muskuläre Ungleichgewichte bedürfen in dreifacher Weise
der Beachtung:

1. bei durch Bewegungsmangel eingeschränktem
   Bewegungsvermögen,

2. bei einseitiger sportlicher Betätigung und
   einseitigen Sportangeboten,

3. beim Training konditioneller Leistungsformen.

1. Bei Bewegungsmangel, der die gesamte Muskulatur negativ beeinflußt, entsteht das muskuläre Ungleichgewicht durch vergleichsweise stärkere Abschwächung der phasischen Muskulatur. Der Grad der Funktionsstörung des Bewegungsapparates ist davon abhängig, wie sehr die Statik des Körpers beeinträchtigt ist, d.h. auch von individuellen anatomischen und physiologischen Voraussetzungen.
   Der durch Bewegungsmangel geschwächte Körper ist nicht mehr uneingeschränkt belastbar. Selbst einfachste Übungen, die bei normaler Leistungsfähigkeit völlig bedenkenlos sind, sind nicht mehr ohne Gefahr der Überforderung ausführbar (vgl. KNEBEL 1985 und 1988). Abhilfe schafft nicht das quantitative Bewegungsangebot, sondern das den Bewegungsbeeinträchtigungen zugemessene qualitative.
   Die verlorengegangene Leistungsfähigkeit muß allmählich wieder aufgebaut werden, und die Art der Belastung spielt dabei eine wichtige Rolle. Einseitigkeiten, wie sie z.B. den Schulsport immer wieder auszeichnen, sind zu vermeiden. Die schwerpunktmäßig betriebenen Fußgängersportarten fördern zwar die Ausdauer, belasten aber fast ausschließlich die Antriebsmuskulatur im Bein- und Hüftbereich. Ohne den notwendigen Ausgleich und ohne die notwendige Ergänzung besteht die Gefahr, daß sich das muskuläre Ungleichgewicht noch mehr zuungunsten der phasischen Muskulatur

verschiebt, wodurch die Verletzungsgefahr sich bei den von Ehrgeiz geprägten Spielsportarten deutlich erhöht.

Gesundheitlich notwendig ist ein Konzept, das Ausdauer, Kraft der phasischen Muskulatur (besonders der Rumpfmuskulatur) und Beweglichkeit der tonischen Muskulatur in gleicher Weise berücksichtigt, alle drei Bereiche jedoch behutsam aufbaut.

2. Sportliche Betätigung innerhalb einzelner Sportarten (Leichtathletik, Tennis, Basketball) bedingt aufgrund vieler Wiederholungen ganz bestimmter Bewegungsabläufe und die Bevorzugung bestimmter Körperpartien nur relativ einseitige muskuläre Beanspruchungen. Je intensiver die Sportarten betrieben werden, desto spezifischer ist das muskuläre Erscheinungsbild: Beanspruchte Muskulatur wird gestärkt und/oder verkürzt, nicht beanspruchte verliert an Wirksamkeit bei der Aufrechterhaltung des muskulären Gleichgewichts.

Das betrifft den nach Sportarten organisierten Vereinssport mehr als den Schulsport mit seinem vielfältigen Angebot mit einem Wechsel der Sportarten und sportlichen Betätigungsformen; es betrifft letzteren jedoch insoweit, als seine Vielseitigkeit mehr und mehr durch die Sammelbelastung des "Fußgängersports" eingeschränkt ist.

Einseitige Belastung steht oft am Beginn von Fehl- und Überbelastung. Die häufig pauschal getroffene Wertung, daß Sport - egal welcher Art - gesund sei, findet hier ihre Grenze. Bei Fehl- und Überbelastung kann Sport auch ungesund sein, und auch der Weg dorthin muß so beurteilt werden. Sehr treffend bezeichnet KURZ (1987) die sportliche Betätigung in diesem Zusammenhang als "Pharmakon", das "als Heilmittel und als Gift" wirken kann (KURZ 1987, 37), je nachdem, wie die Dosis gewählt wird.

Zur Beurteilung ist eine differenzierte Sichtweise notwendig. Dabei sind die Wirkungen auf den Kreislauf und die auf den Bewegungsapparat zu unterscheiden: Was für den Kreislauf uneingeschränkt gut sein kann (z.B. das Laufen; siehe auch die positive Beurteilung der "Fußgängersportarten" in diesem Zusammenhang), kann für den aktiven und passiven Bewegungsapparat wegen der Herausbildung muskulärer Ungleichgewichte zu Problemen führen.

Muskuläre Ungleichgewichte setzen die Belastbarkeit des Bewegungsapparates herab. Die sportliche Leistungsfähigkeit nimmt trotz regelmäßigen Sporttreibens ab, anstatt zu steigen. Die verkürzte Muskulatur schränkt die abgeschwächten (phasischen) Gegenspieler (Antagonisten) und die Mitspieler (Synergisten) in ihrer Wirkung ein. Dadurch wird die Verletzungsgefahr erhöht. "Es kommt vermehrt zu Muskelzerrungen, Sehnenansatzbeschwerden treten gehäuft auf" und "Gelenke und Wirbelsäule werden durch das gestörte Muskelspiel überlastet und reagieren mit Reizzuständen" (SPRING u.a. 1986,5). Darüber hinaus springen verkürzte tonische Muskeln bei Schutz- und Abwehrreaktionen schneller an als die phasischen. "Dies kann zu kurzzeitiger mechanischer Überlastung mit der Gefahr von Muskelzerrungen und sogar Muskelrissen in der verkürzten tonischen Muskulatur führen" (SPRING u.a. 1986, 114).

Die Beanspruchung von Muskeln hat direkten Einfluß auf die in ihrem Wirkungsbereich liegenden Gelenke. Wer die Muskeln einseitig trainiert, sorgt auch für eine einseitige Beanspruchung der Gelenke. Unausgewogene Muskelbelastungen "bedeuten eine Mehrbelastung der passiven Anteile des Gelenks (Knorpelflächen, Bänder, Kapseln etc.)" und können "langfristig degenerierend wirken" (KNEBEL 1985, 132).

Einseitiger Beanspruchung kann durch gezieltes Beweglichkeits- und Kräftigungstraining begegnet werden, durch Dehnung der verkürzten Muskulatur und Kräftigung der abgeschwächten. Auf diese Weise lassen sich muskuläre Ungleichgewichte mit all ihren Folgen beheben,"auf jeden Fall aber in vorbeugendem Sinn verändern" (SPRING u.a.

1986,5).

3. Schließlich birgt auch das sportliche Training die Gefahr von Einseitigkeit, wegen der hohen Intensität und des großen Umfangs bestimmter Bewegungsausführungen wohl in besonderem Maße. Der "planmäßig gesteuerte Prozeß" (MARTIN 1979, 21) bezieht sich in der Regel fast ausschließlich auf die Steigerung spezifischer Kraft- und Schnellkraftfähigkeiten sowie auf die für die spezifischen Bewegungsfertigkeiten erforderliche Beweglichkeit. "In der Trainingspraxis wird deshalb die Streckmuskulatur ungleich mehr und intensiver gekräftigt als die Beugemuskulatur, was zu einem unausgewogenen Kräfteverhältnis von Agonisten und Antagonisten führt" (KNEBEL 1988, 163). Denn daß stark beanspruchte Muskulatur aufgrund ihrer visko-elastischen und plastischen Eigenschaften Kontraktionsrückstände aufweist und bei Vermehrung solcher Zustände und nicht ausreichender Regeneration die Gefahr von Kontrakturen von bis zu 15% auftreten können, daß andererseits die Antagonisten nicht automatisch mittrainiert werden, wird nur wenig oder aber überhaupt nicht bedacht. Die mit jeder Sportart einhergehenden Einseitigkeiten werden durch das Training noch verstärkt, die Muskelungleichgewichte weiter ausgebaut.

Gerade in Sportarten, bei denen durch Wiederholung spezifischer Bewegungsabläufe in großer Zahl ganz bestimmte Sehnenansätze stark beansprucht werden, muß die beanspruchte agonistische Muskulatur optimal dehnfähig sein und die antagonistische optimal kraftfähig; besonders auch das sollte ein Gesichtspunkt der Trainingsplanung sein.

Vergessene und nicht richtig trainierte Muskelgruppen können Anlaß von Beschwerden sein oder noch werden. Typische Beispiele von Sehnenansatzbeschwerden sind der Lendenschmerz des Fußballers bei verkürzter Adduktorenmuskulatur (vgl. SÖLVEBORN 1983) sowie Kniebeschwerden des

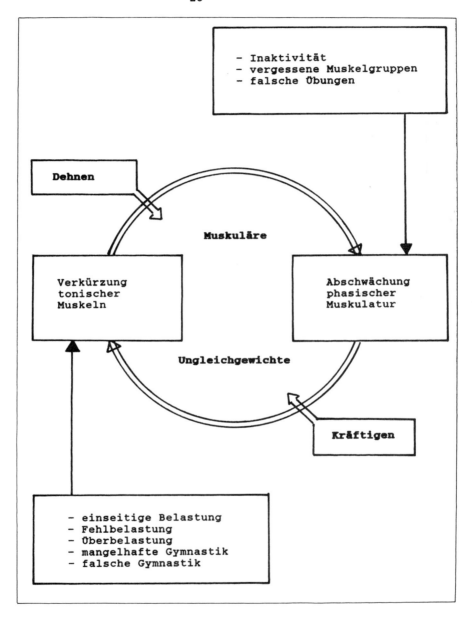

Abb. 3: Muskuläre Ungleichgewichte - Ursachen und Vermeidung

Springers bei verkürzter Muskulatur des vorderen Oberschenkels, aber auch die Muskelzerrung des Sprinters im hinteren Oberschenkelbereich kann die Folge einseitigen Trainings sein, obwohl sie oft unzureichender Aufwärmarbeit angelastet wird.
Über die Funktionalität ausgleichender Trainingsübungen beginnt man erst in jüngster Zeit nachzudenken (vgl. KNEBEL 1985 und 1988, SÖLVEBORN 1983, SPRING u.a. 1986, MAEHL 1986). Noch sind die Lehrbücher voll von Vorschlägen, die, statt muskuläre Ungleichgewichte auszugleichen, diese im Gegenteil noch verstärken, die statt Beschwerden zu vermeiden, diese erst hervorrufen.

Sicherlich lassen sich Einseitigkeiten im Kraft- und Schnellkrafttraining nicht vermeiden, wenn sportartbezogen trainiert wird. Wichtig ist dann jedoch, daß auch der dafür erforderliche Ausgleich für die Erhaltung des muskulären Gleichgewichts, d.h. die Dehnung der verkürzten Agonisten und die Kräftigung der Antagonisten nicht vergessen wird. Training als planmäßig gesteuerter Prozeß bedarf der genauen Analyse der muskulären Vorgänge. Bei einseitiger Trainingsbeanspruchung muß auch der Ausgleich seinen festen Platz haben.

7. Kleine Muskelkunde

Die bisherigen Ausführungen machen deutlich, wie wichtig die Kenntnis anatomischer Grundlagen für das Fitneßtraining ist. Zum besseren Verständnis muskulärer Vorgänge und um der Anschaulichkeit Sorge zu tragen, stellen wir Darstellungen der für das Fitneßtraining beachtenswerten Muskelgruppen voran. Sie erfolgen bewußt in einer Form, in der sie auch im Unterricht als Anschauungsmaterial, z.B. Arbeitsblätter, genutzt werden können.

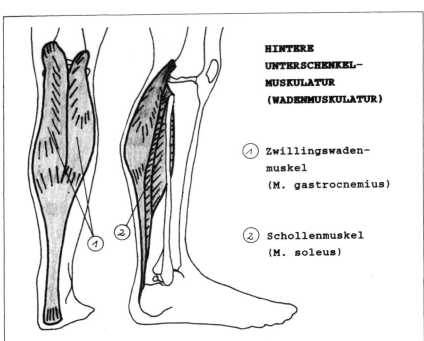

HINTERE UNTERSCHENKEL-MUSKULATUR (WADENMUSKULATUR)

① Zwillingswaden-
   muskel
   (M. gastrocnemius)

② Schollenmuskel
   (M. soleus)

Die Wadenmuskulatur neigt zur **Verkürzung**. Diese ist häufig die Ursache für Achillessehnenbeschwerden.

Funktionen

- Senken des Fußes
  (Plantarflexion)

- Heben in den Ballenstand

- Anheben des inneren
  Fußrandes

- Kniebeugung
  (zweigelenkiger
  Zwillingswadenmuskel)

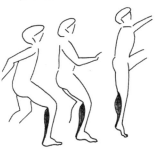

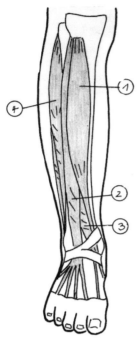

VORDERE UNTERSCHENKEL- MUSKULATUR

① Vorderer Schienbeinmuskel
   (M. tibialis anterior)

② Langer Zehenstrecker
   (M. extensor digitorum longus)

③ Langer Großzehenstrecker
   (M. extensor hallucis longus)

④ Langer und kurzer Wadenbeinmuskel
   (M. peronaeus longus und brevis)

Die vordere Unterschenkelmuskulatur neigt zur **Abschwächung**.

Funktionen

- Heben des Fußes

- Heben des Fußinnenrandes
  (Supination)

- Anheben des Fußaußenrandes
  (Pronation, Wadenbeinmuskel)

- Senken des Fußes
  (Plantarflexion, Wadenbeinmuskel)

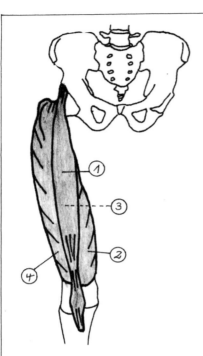

VORDERE OBERSCHENKELMUSKULATUR

① Gerader Schenkelmuskel
   (M. rectus femoris)

② Innerer Schenkelmuskel
   (M. vastus medialis)

③ Mittlerer Schenkelmuskel
   (M. vastus intermedius;
   verdeckt)

④ Äußerer Schenkelmuskel
   (M. vastus lateralis)

Der gerade Schenkelmuskel neigt zur **Verkürzung**, der innere Schenkelmuskel dagegen zur **Abschwächung**. Gleichzeitiges Auftreten führt häufig zu Knieproblemen.

Funktionen

- Kniestreckung

- Hüftbeugung
  (zweigelenkiger gerader Schenkelmuskel)

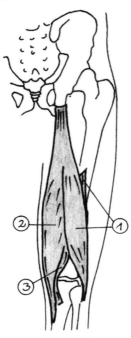

HINTERE OBERSCHENKELMUSKULATUR

① Zweiköpfiger Schenkelmuskel
  (M. biceps femoris)

② Halbsehnenmuskel
  (M. semitendinosus)

③ Plattsehnenmuskel
  (M. semimembranosus)

Die hintere Oberschenkelmuskulatur neigt zur **Verkürzung**. Zerrungen beim Sprinten sind oft die Folge.

Funktionen

- Kniebeugung

- Hüftstreckung

- Drehung des Unterschenkels bei gebeugtem Knie

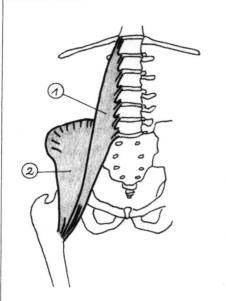

VORDERE HÜFTMUSKULATUR (LENDENDARMBEIN-MUSKEL, "SPRINTER-MUSKEL")

① Großer Lendenmuskel
 (M. psoas major)

② Darmbeinmuskel
 (M. iliacus)

Der Lendendarmbeinmuskel neigt zur **Verkürzung**. In diesem Zustand ist er häufig die Ursache von Kreuzschmerzen.

Funktionen

- Hüftbeugung

- Stabilisierung der Lendenwirbelsäule

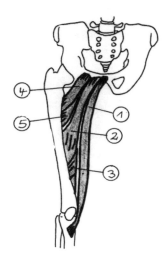

INNERE HÜFTMUSKULATUR (ADDUKTOREN)

① Schlanker Muskel
   (M. gracilis)

② Langer Schenkelanzieher
   (M. adductor longus)

③ Großer Schenkelanzieher
   (M. adductor magnus)

④ Kamm-Muskel
   (M. pectineus)

⑤ Kurzer Schenkelanzieher
   (M. adductor brevis)

Die Adduktoren neigen zur **Verkürzung**. Leistenprobleme von Fußballspielern sind oft ihre Folge.

Funktionen

- Heranführen des Oberschenkels
  (Schließen der gegrätschten und gespreizten Beine)

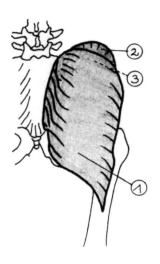

GESÄSSMUSKULATUR

① Großer Gesäßmuskel
(M. glutaeus maximus)

② Mittlerer Gesäßmuskel
(M. glutaeus medius)

③ Kleiner Gesäßmuskel
(M. glutaeus minimus;
verdeckt)

Die Gesäßmuskulatur neigt zur **Abschwächung**. Die Folge ist das statisch ungünstige Hohlkreuz.

Funktionen

- Hüftstreckung

- Innen- und Außenrotation des Oberschenkels

- Abspreizen des Oberschenkels

- Stabilisierung des Beckens

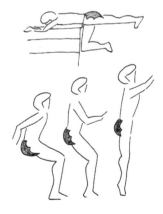

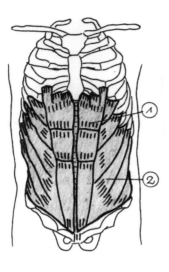

BAUCHMUSKULATUR

① Gerader Bauchmuskel
(M. rectus abdominus)

② Äußerer schräger Bauchmuskel
(M. obliquus externus abdominus)

Innerer schräger Bauchmuskel
(M. obliquus internus abdominis; verdeckt)

Querer Bauchmuskel
(M. transversus abdominis; verdeckt)

Die Bauchmuskulatur neigt zur **Abschwächung**. Eine ausreichend kräftige Bauchmuskulatur stabilisiert zusammen mit der Gesäßmuskulatur und der hinteren Oberschenkelmuskulatur das Becken.

Funktionen

- Aufrichten des Beckens bei fixiertem Brustkorb

- Nachvornebeugen des Rumpfes bei fixiertem Becken

- Seitneigung und Drehung des Rumpfes

- Stabilisierung des Rumpfes

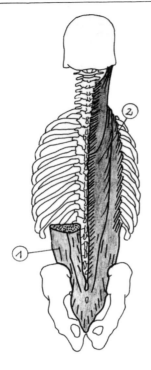

INNERE RÜCKENMUSKULATUR

① Rückenstrecker
   im Lendenwirbelbereich
   (M. erector spinae lumbalis)

② Rückenstrecker
   im Brustwirbelbereich
   (M. erector spinae thoracalis)

Die Rückenstrecker im Lendenwirbel- und Halswirbelbereich neigen zur **Verkürzung**, die Rückenstrecker im Brustwirbelbereich zur **Abschwächung**.

Funktionen

- Streckung der Wirbelsäule

- Seitneigung und Drehung der Wirbelsäule

- Stabilisierung der Wirbelsäule

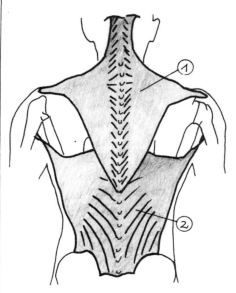

ÄUßERE RÜCKENMUSKULATUR ("TRAGSCHLINGE DES KÖRPERS")

① Kapuzenmuskel
(M. trapezius)

② Breiter Rückenmuskel
(M. latissimus dorsi)

Der untere Anteil des Trapezmuskels neigt zur **Verkürzung**, der mittlere und obere Anteil zur **Abschwächung**.

Funktionen

- Heben und Senken der Schultern
  (Kapuzenmuskel)

- Anziehen des Körpers armwärts
  (Klimmzug, breiter Rückenmuskel)

- Senken des erhobenen Armes
  (Schlag-/Wurfbewegung, breiter Rückenmuskel)

- Tragschlinge im Stütz und Langhang

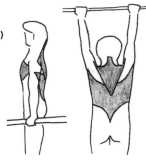

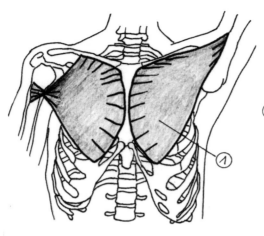

**BRUST-
MUSKULATUR**

① Großer
Brustmuskel
(M. pectoralis
major)

Die Brustmuskulatur neigt zur **Verkürzung**.

Funktionen

- Nachvorneheben des Armes

- Heranführen des seitlich
  angehobenen Armes
  (Schlag-/Wurfbewegung)

- Innenrotation des Armes

- Stabilisierung des
  Schultergelenks

8. Beweglichkeit und Beweglichkeitstraining

8.1 Allgemeines und Aufgaben

Der Begriff Beweglichkeit bedarf zunächst der Erläuterung und der Eingrenzung. Ersteres, weil er in vielen Synonymen gebraucht wird, letzteres, weil eine enge Fassung erforderlich ist, um ein gezieltes und funktionelles Beweglichkeitstraining durchzuführen.

Häufig gebrauchte Synonyme sind Gelenkigkeit, Biegsamkeit, Flexibilität, Geschmeidigkeit und Dehnfähigkeit (vgl. MAEHL 1986,6 und KNEBEL 1985, 81). Diese Vielfalt ist nicht nur Ausdruck für Unschärfe in der Begrifflichkeit, sondern auch für mangelnde Konzeptionierung im Beweglichkeitstraining. Selbst die einheitliche Verwendung des Begriffes Beweglichkeit bringt noch keine Einigkeit. Während HARRE z.B. Beweglichkeit als "die Fähigkeit des Menschen, Bewegungen mit einer großen Schwingungsweite (Amplitude) auszuführen" (HARRE 1975, 180) definiert und damit die "maximale Bewegungsamplitude" als "Maßstab der Beweglichkeit" (180) bestimmt, ist Beweglichkeit bei MARTIN die "Fähigkeit der Gelenke, ihre Bewegungsmöglichkeiten nach allen Seiten hin optimal ausnutzen zu können" (MARTIN 1979, 158). Der Unterschied zwischen einer optimalen (MARTIN) und einer maximalen (HARRE) Schwingungsweite liegt darin, daß letztere der Hypermobilität unberechtigt eine höhere Qualitätsstufe zuweist.

Wenn im folgenden von Beweglichkeit gesprochen wird, so ist dem Verständnis von KNEBEL folgend die Gelenkbeweglichkeit gemeint, die das Thema eingrenzt auf die "Fähigkeit der Gelenke, Bewegungen gemäß ihren funktionellen Möglichkeiten optimal ausführen zu können" (KNEBEL 1985, 81).

Die Gelenkbeweglichkeit ist im wesentlichen von zwei Faktoren abhängig: 1. von der Art und Struktur des Gelenks (Gelenkigkeit) und 2. von der Dehnfähigkeit der die Gelenke umspannenden Muskeln, Bänder, Sehnen und Gelenkkapseln (Dehnfähigkeit) (vgl. MAEHL 1986,10). Vom Bau des Gelenks und seiner Ausprägung sind der Beweglichkeit individuelle Grenzen gesetzt, durch Training beeinflußbar ist lediglich der zweite Faktor.

Im Zusammenhang mit Fitneß und Gesundheit und auch im Grundlagenbereich sportartbezogenen Trainings interessiert nicht die spezielle, sondern lediglich die allgemeine Beweglichkeit. Darunter wird die durchschnittliche Beweglichkeit der großen Gelenksysteme verstanden; das sind das Schultergelenk, das Hüftgelenk und die Wirbelsäule.

Trainingsmittel der Beweglichkeitsschulung sind in erster Linie Dehnübungen. Sie gehören seit jeher zu den Aufwärmprogrammen der Sporttreibenden. Die oftmals ritualisierten Übungen sind jedoch mehr der Tradition verhaftet (von Generation zu Generation weitergegeben) als auf ihre Zweckmäßigkeit und Funktionalität hin hinterfragt.

Erst mit der Stretching-Welle hat das Thema Beweglichkeit ein größeres Interesse geweckt. Die bis dahin eher dürftige Behandlung auch im Schrifttum der Trainingslehre wurde abgelöst von einer umfassenden Konzeptionierung mit einer Tragweite von neurophysiologischer Grundlegung bis hin zu einer Vielzahl von konkreten praktischen Anwendungsprogrammen.

Trainingsmittel der Beweglichkeitsschulung sind jedoch auch Kraftübungen, nämlich für die den Hauptbeanspruchungsformen entgegenwirkende antagonistische Muskulatur. Die das Gelenk umgebende Muskulatur muß gleichmäßig entwickelt sein, um es in entlasteter Mittelstellung zu halten. Das arthromuskuläre Gleichgewicht ist die Voraussetzung für eine optimale Gelenk-Muskel-Beziehung (vgl. TAUCHEL/MÜLLER 1986, 121/122). Eine Darstellung von Kraftübungen erfolgt an dieser Stelle jedoch nicht. Diesbezüglich verweisen wir auf das entsprechende Kapitel.

8.2 Methoden der Beweglichkeitsschulung

Die traditionell gebräuchliche Dehnungsgymnastik im Sport ist die dynamische Gymnastik mit federnder, wippender und schwingender Bewegungsausführung ("ballistisches", "intermittierendes" Dehnen (MAEHL 1986, 81)). Diese hat bis dahin das Beweglichkeitstraining beherrscht und ist auch heute noch am weitesten verbreitet. An ihre Seite sind seit ein paar Jahren Dehnungstechniken getreten, bei denen neurophysiologische Vorgänge bewußt zur Entspannung eingesetzt werden. Dazu gehören das permanente Dehnen (siehe u.a. ANDERSON 1983, MAEHL 1986, KNEBEL 1985 und 1988) und das Anspannungs-Entspannungs-Dehnen (siehe u.a. SÖLVEBORN 1983).

Die traditionellen dynamischen Dehnungsprogramme gerieten aufgrund von muskelphysiologischen Erkenntnissen in die Kritik, sie werden jedoch durchaus unterschiedlich beurteilt. Von einer extremen Position her werden sie als "Ruck-Zuck-Zerrgymnastik" verurteilt und grundsätzlich abgelehnt (vgl. KNEBEL 1985 und 1988); von einer eher gemäßigten Position her wird jedoch bezweifelt, "daß all die üblichen pendelnden und federnden Bewegungsabläufe generell als gefährlich einzustufen sind" (MAEHL 1986, 89).

Anstelle einer pauschalen Verurteilung wird vor allem die komplexe Trainingswirkung dieser Übungen hervorgehoben. "Neben der Erhöhung der Dehnfähigkeit" tragen "sie zur Kräftigung der unmittelbaren antagonistischen Muskulatur bei. Durch das häufige Kontrahieren und Strecken der das Gelenk überziehenden Muskeln verbessert sich zusätzlich auch die Koordinationsfähigkeit" (MAEHL 1986, 93).

Das dynamische Dehnen hat gegenüber anderen Dehntechniken einen hohen Aufforderungscharakter und ist deshalb gerade für den Schulsport von besonderer Bedeutung. Die Kritik an der ruckhaften, schnellkräftigen Ausführungsweise, deren plötzliche starke Dehnung den Dehnungsreflex aktiviert, muß jedoch ernstgenommen werden. Eine angemessene Ausführungsweise ist das **kontrollierte dynamische Dehnen mit geführten Bewegungsausführungen**.

Das permanente Dehnen (Stretching) ist darauf gerichtet, den kritischen Punkt des dynamischen Dehnens, die Gefahr des Auslösens des Dehnungsreflexes bei einer zu forschen Ausführungsweise zu umgehen. Es besteht aus über längere Zeit (10 - 30 Sekunden) gehaltenen Dehnübungen (statisches Dehnen).

Je nach Art der Krafteinwirkung wird aktives und passives statisches Dehnen unterschieden. Beim aktiven statischen Dehnen wird die Dehnposition durch die eigene Kraft der antagonistischen Muskeln gehalten. Der größte Anteil des Repertoires permanenten Dehnens besteht jedoch aus passiv-statischen Übungen. Die Dehnpositionen werden passiv "durch die Schwerkraft, eigene Muskelkraft, einen Partner oder auch ein Gerät bewirkt" (SPRING u.a. 1986, 129). Durch das längere Verweilen in der jeweiligen Dehnposition jeweils maximal bis hin zu einem leichten Ziehen in der Muskulatur wird die reflektorische Gegenspannung des zu dehnenden Muskels so gering wie möglich gehalten und damit die Muskulatur optimal entspannt. Als Orientierungshilfe für die Intensität der Übungsausführung gilt die Schmerzschwelle, die zwar erreicht, nicht aber überschritten werden darf.

Wesentlich differenzierter und in ihrer ausgeklügelten Art etwas kompliziert anmutend ist die zweite Art des neurophysiologischen Beweglichkeitstrainings, das Anspannungs-Entspannungs-Dehnen (PNF-Methode, MAEHL 1986, 83; KNEBEL 1985,94). Grundlage dieser Dehnungstechnik sind neuromuskuläre Steuermechanismen, nach denen ein Muskel dann besonders auf Entspannung anspricht, wenn er vorher isometrisch angespannt wurde (postisometrische Hemmung, SPRING u.a. 1986,131).

Beim Anspannungs-Entspannungs-Dehnen wird der Muskel in der Dehnstellung etwa 3 - 7 Sekunden maximal isometrisch

angespannt und dann wie beim passiven statischen Dehnen
etwa 10 Sekunden in der Dehnstellung gehalten.
Das Problem dieser Dehntechnik liegt in der maximalen
isometrischen Anspannung, die nicht in jeder Gelenkposition ohne die Mithilfe eines verantwortungsbewußten
Partners (vgl. MAEHL 1986, 83) möglich ist. Der Einschätzung MAEHLs ist deshalb zuzustimmen, daß diese Technik im
Schulsport "wegen ihrer relativ schwierigen Ausführung nur
eine unbedeutende Rolle spielen wird" (MAEHL 1986, 89).

8.3 Anatomische und physiologische Grundlagen

Die Beweglichkeit beruht auf der Plastizität und
Elastizität des die Gelenke umfassenden Gewebes. Davon
sind in erster Linie die plastischen und kontraktilen
Eigenschaften der Muskulatur, weniger die die Gelenke
umspannenden bindegewebigen Anteile für ihre Quantität und
Qualität verantwortlich.

Die aus straffem Bindegewebe bestehenden Sehnen z.B.
verfügen über "keinerlei Kontraktilität", sind zwar
"äußerst elastisch", aber nur "wenig plastisch" (KNEBEL
1988, 102) und können nur um etwa 5% ihrer Länge gedehnt
werden. Muskeln dagegen sind aufgrund ihrer "viskoelastischen Eigenschaften ... sehr dehnfähig, wenig elastisch,
dafür aber hoch plastisch" (KNEBEL 1988, 102). Sie können
bis 200% gedehnt werden und behalten bei starker Dehnung
einen Dehnungsrückstand als entscheidende Voraussetzung
für die Vergrößerung der Schwingungsweite der Gelenke.
Dehnübungen sind deshalb nur dann funktional, wenn sie auf
die Dehnung von Muskeln, nicht auf die von bindegewebigen
Anteilen (Sehnen, Bänder, Kapseln) ausgerichtet sind.

Neben den Bausteinen des aktiven Bewegungsapparates und
ihren Eigenschaften sind die neuromuskulären Steuermechanismen von großer Bedeutung für die Gelenkbeweglichkeit,

insbesondere der Dehnungsreflex und der Sehnenreflex, die eine doppelte Sicherung der Muskelfunktion darstellen.

Unter einem Dehnungsreflex versteht man die durch schnelle und starke Muskeldehnung reflexartig über das Rückenmark ausgelöste Kontraktion des Muskels. Der Steuerungsmechanismus läuft über Nervenbahnen, die von den parallel zu den Muskelfasern liegenden Muskelspindeln zum Rückenmark und von dort zurück zum Muskel verlaufen. Die Muskelspindeln registrieren die durch Dehnung hervorgerufenen Längenveränderungen des Muskels. Über schnell leitende Nervenfasern wird die Information "an die dazugehörenden α-Motoneurone im Vorderhorn des Rückenmarks geleitet" (SPRING u.a. 1986, 124). Die Erregung der Motoneurone bewirkt eine der Dehnung entgegengesetzte Kontraktion des Muskels.

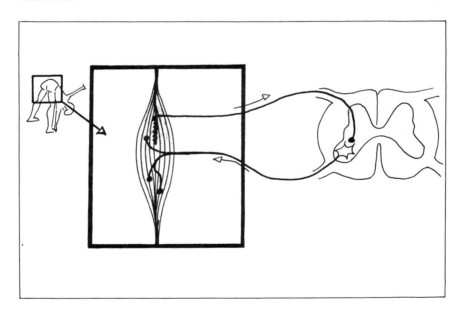

Abb. 4: Dehnungsreflex

Auch der Sport macht sich dieses Phänomen zunutze, z.B. bei Ausholbewegungen sportlicher Techniken. Durch starkes Vordehnen, aber auch durch Wippen und Federn, wie es in der Schwunggymnastik vorkommt, können solche reflektorischen Muskelkontraktionen ausgelöst werden. Diese erfolgen umso heftiger, je schneller und "zackiger" die gymnastischen Bewegungen ausgeführt werden (vgl. DE MAREES 1979, 73).

In der Schwunggymnastik ist es deshalb wichtig, die Impulse behutsam und kontrolliert zu setzen, um statt einer Verbesserung der Beweglichkeit nicht das Gegenteil zu erreichen. Wenn die Dehnpositionen darüber hinaus langsam eingenommen werden, gelingt es, den Dehnungsreflex ganz auszuschalten. "Der Muskel kann unter besten Verhältnissen gedehnt werden" (SPRING u.a. 1986, 124). Im Ausschalten des Dehnungsreflexes liegt die Begründung für die besondere Wirksamkeit des permanenten Dehnens.

Eine noch intensivere Entspannung der Muskulatur kann erreicht werden, wenn der Muskel vor der Dehnung noch einmal maximal isometrisch angespannt wird. Dieser Vorgang wird als Eigenhemmung oder postisometrische Hemmung bezeichnet. Durch die Kontraktion des Muskels steigt die Spannung auch in den Sehnen stark an. Dadurch werden die im Übergang zwischen Muskeln und Sehnen gelegenen Golgi-Sehnenkörper erregt. Diese Information wird wie beim Dehnungsreflex über Nervenfasern an die α-Motoneurone im Rückenmark weitergegeben. Hier kommt es allerdings im Gegensatz zum Dehnungsreflex zu einer Hemmung und in deren Folge zu einer Abschwächung der Kontraktion. Die kurzandauernde Entspannung der Muskulatur kann zu ihrer optimalen Dehnung ausgenutzt werden. Im Vorgang der postisometrischen Hemmung nach maximaler isometrischer Anspannung liegt die Begründung für das Anspannungs-Entspannungs-Dehnen.

8.4 Unfunktionelle Übungen

Beweglichkeitstraining zielt innerhalb der gelenkumfassenden Bausteine in erster Linie auf die Verbesserung der Eigenschaften der Muskulatur, nicht auf die bindegewebigen Anteile. Bänder und Sehnen dienen der Stabilisierung des Gelenks bzw. der Kraftübertragung, "sie dehnen zu wollen, hieße, ihre naturgegebene Funktion ins Gegenteil zu verkehren" (KNEBEL 1988, 102).

Dennoch finden sich in traditionellen Gymnastikprogrammen eine Reihe von Übungen, die diese Zusammenhänge mißachten, deren Ausführung mehr die Dehnung von Bändern und Sehnen denn die Dehnung von Muskeln impliziert. Von diesen sollen lediglich die hervorgehoben werden, die auch im Schulsport sehr beliebt sind, in Wahrheit aber als unfunktional, wenn nicht sogar als gefährlich und orthopädisch nicht vertretbar eingestuft werden müssen.

Abb. 5: Unfunktionelle Beweglichkeitsübungen

8.5 Abhängigkeit von Alter und Geschlecht

Nach vorherrschender Meinung bedarf die Beweglichkeit im frühen Schulkindalter (Grundschule) keiner besonderen Aufmerksamkeit. Im Zusammenhang mit dem vermehrten Auftreten von Haltungsschwächen und Haltungsschäden muß diese Aussage aber sicherlich relativiert werden. Das gilt auf jeden Fall für die Notwendigkeit der Stärkung der antagonistischen Muskulatur.

Bereits ab etwa dem 10. (vgl. MAEHL 1986, 18) bis 12. Lebensjahr (vgl. KNEBEL 1985, 87) nimmt die Beweglichkeit kontinuierlich ab, wenn sie nicht regelmäßig trainiert wird. Im Gegensatz zum Training anderer Konditionsfaktoren geht es deshalb im Beweglichkeitstraining von diesem Alter an nicht um eine Verbesserung, sondern um ein Entgegenwirken gegen eine negative Entwicklung mit dem Ziel des Erhalts eines möglichst optimalen Bewegungsausmaßes in den Gelenken.

Mit besonderen Einschränkungen der Beweglichkeit ist während der Pubertät zu rechnen. Das beschleunigte Längenwachstum in der ersten puberalen Phase geht mit einer Abnahme der mechanischen Widerstandsfähigkeit des passiven Bewegungsapparates einher. Die Dehnfähigkeit von Muskeln und Bändern bleibt in diesem Abschnitt hinter dem Längenwachstum zurück (vgl. FREY 1978,186; MAEHL 1986, 19), ein Umstand, der dann besonders ins Gewicht fällt, wenn die Beweglichkeit vorher schon beeinträchtigt war. Auf ein angemessenes Verhältnis von Belastbarkeit und Belastung ist in diesem Altersabschnitt das besondere Augenmerk zu richten.

Mädchen sind im allgemeinen beweglicher als Jungen. Sie "benötigen intensitäts- und umfangsmäßig weniger Beweglichkeittraining als Jungen ... , um die gleiche Ausprägung der Dehnfähigkeit der Muskulatur zu erhalten" (KNEBEL 1988, 87). Im koedukativen Unterricht ist das Beweglichkeitstraining daher in erster Linie an den Erfordernissen der Jungen auszurichten.

8.6 Wann welche Gymnastik?

Die Beantwortung dieser Frage ist davon abhängig, was durch Gymnastik erreicht werden soll. In grober Abgrenzung lassen sich drei Aufgabenbereiche unterscheiden:

1. Dehnungsgymnastik als Teil des Aufwärmens zur **Herstellung** und **Aktivierung** vorhandener Beweglichkeit,

2. Dehnungsgymnastik als Abwärmen zum **Erhalt** der Beweglichkeit nach einseitiger Belastung und

3. Dehnungsgymnastik als Trainingsinhalt zur **Verbesserung** der Beweglichkeit.

Ziel des **Aufwärmens** ist die Herstellung der Funktionsbereitschaft des Organismus. Dehnübungen sind Teil jedes Aufwärmprogramms, sie müssen jedoch in diese Zielsetzung eingebunden werden. Die Funktionsbereitschaft umfaßt eine physiologische und eine psychologische Komponente, von denen auch letztere der Beachtung bedarf, da es um das Aufschließen körperlicher Aktivitäten geht. Die für das Aufwärmprogramm gewählten Dehnübungen müssen nicht nur funktional, sie müssen vor allem auch attraktiv und motivierend sein. Das gilt besonders für den Schulsport, in dem der Stundeneinstieg erheblich zum Unterrichtserfolg beiträgt.

Der Aufwärmeffekt und die Aktivierung der neuromuskulären Steuerungsprozesse gelingen mit aktiven Dehnübungen am besten. Da es als weit überzogen gilt, "all die üblichen pendelnden und federnden Bewegungsabläufe als gefährlich einzustufen" (MAEHL 1986, 89), wird aktivdynamisches Dehnen in Aufwärmprogrammen auch weiterhin eine vorherrschende Stellung einnehmen.

Ein weiterer Vorteil der aktiven Dehnungsgymnastik liegt in ihrer für ein Aufwärmprogramm günstigen umfangreichen und komplexen Wirkung. "Neben der Erhöhung der Dehnfähigkeit trägt sie zur Kräftigung der unmittelbaren antagonistischen Muskulatur bei. Durch das häufige Kontrahieren und Strecken der das Gelenk überziehenden Muskeln verbessert sich zusätzlich auch die Koordinationsfähigkeit" (MAEHL 1986, 94/95). Auch die für anschließende Schnellkraftübungen jeglicher Sportart erforderliche Aktionsspannung der Muskulatur kann mit passivem Dehnen nicht erreicht werden. Für sie ist das aktiv-dynamische Dehnen erforderlich.

Es ist im Schulsport aus den genannten Gründen auch nicht anzuraten, wie MAEHL es für das Vereinstraining vorschlägt, eine aktive Erwärmungsgymnastik "erst nach einem Erwärmungsprogramm aus permanenten Dehnübungen" (MAEHL 1986,89) durchzuführen. Die für sie erforderliche Konzentration und innere Sammlung widerspricht der Absicht dieses Stundenteils. Einige Übungen aus dem Programm können allenfalls eingestreut werden, sollten dann aber eher am kürzeren Zeitlimit (10 sec) orientiert werden. Die Kritik an traditionellen Aufwärmprogrammen bedarf jedoch in zweierlei Hinsicht der Beachtung:

1. unfunktionelle Übungen sind auf jeden Fall zu vermeiden,
2. ein übertriebenes Rucken und Schlagen ist durch eine dynamisch kontrollierte, geführte Ausführungsweise zu ersetzen.

Anders stellt sich das Problem beim **Abwärmen**, ein nicht nur im Schulsport vernachlässigtes Thema. Abwärmen ist nach jeder einseitigen körperlichen Belastung erforderlich, wie sie auch im Schulsport mit schwerpunktmäßig betriebenen Fußgängersportarten auftreten (Spielsportarten, Leichtathletik). Nach solchen Belastungen ist schon eher eine Motivation für Entspannung und Beruhigung vorhanden, obwohl Schüler sicherlich erst an derartige Programme gewöhnt werden müssen.

Das Abwärmen ist der richtige Ort für permanentes Dehnen, denn sein Programm eignet sich am besten für muskelentspannende Übungen. Sorgfältig dosierte Dehnungen aus dem Programm permanenten Dehnens gehören zu den wichtigsten und wirkungsvollsten Regenerationsmaßnahmen. Vorherrschendes Ziel ist es, die ermüdeten und verkürzten Muskeln wieder auf die normale Länge aufzudehnen. D.h. beim Abwärmen geht es um den Erhalt der Beweglichkeit, nicht um ihre Verbesserung.

Während das Abwärmen bei ermüdeter Muskulatur erfolgt, setzt ein Beweglichkeitstraining zur Verbesserung der Beweglichkeit den nicht ermüdeten Muskel voraus. Es geht nicht um Entspannung und Beruhigung, sondern um eine bewußte, konzentrative Auseinandersetzung mit dem eigenen Körper. Obwohl alle drei Arten des Beweglichkeitstrainings zur **Verbesserung der Beweglichkeit** beitragen können, ist eine derartige mentale Einstellung des Hineinhorchens in den eigenen Körper am ehesten mit den passiven Formen der Gymnastik zu erreichen, d.h. mit dem permanenten Dehnen und mit dem Anspannungs-Entspannungs-Dehnen.

Für den Schulsport muß jedoch eine weitere Einschränkung vorgenommen werden. Schon das permanente Dehnen stellt mit Konzentration, innerer Sammlung und exakter Ausführungsweise große Anforderungen an schulische Bedingungen. Die PNF-Methode rückt noch mehr an die Grenze des Möglichen. Die zusätzlich erforderlichen zeitlich exakten Abmessungen von Anspannung und Entspannung und auch die für bestimmte isometrische Anspannungen notwendige verantwortungsvolle Partnerhilfe überfordert den Schulsport in weiten Bereichen. Die PNF-Methode wird deshalb in der Schule nur eine untergeordnete Rolle spielen.

Das permanente Dehnen jedoch bietet gute Voraussetzungen für ein systematisches Beweglichkeitstraining und durch seine Andersartigkeit die Möglichkeit zur Bewußtmachung der mit der Beweglichkeit zusammenhängenden Problematik bis hin zu einer theoretischen Grundlegung in speziellen Kursen. Es ist leicht erlernbar und gut organisierbar und sollte deshalb im Schulsport mehr Beachtung finden. Die erforderliche mentale Auseinandersetzung mit der Übung wird jedoch "weder von Trainingsanfängern noch von Kindern und Jugendlichen auf Anhieb geleistet" (KNEBEL 1988, 114). Sie bedarf deshalb des besonderen Geschicks in der Auswahl methodischer Maßnahmen.

Die Darstellung hat gezeigt, daß das Thema Beweglichkeit sehr vielseitig ist und daß es im Beweglichkeitstraining um "eine bewußte Anwendung der unterschiedlichsten Dehntechniken" (MAEHL 1986, 97/98) gehen muß. Von diesen ist das traditionell aktiv-dynamische Dehnen bekannt (Übungen können auch dem Kapitel 10 entnommen werden) und die PNF-Methode für den Schulsport kaum geeignet, so daß wir uns im folgenden auf die Darstellung des permanenten Dehnens beschränken können.

8.7 Permanentes Dehnen (Stretching)

8.7.1 Methodische Gestaltung

Beim permanenten Dehnen werden die Dehnstellungen langsam eingenommen, 10 bis 30 Sekunden gehalten und dann langsam wieder aufgelöst. Die Intensität der Übungsausführungen wird durch die Schmerzschwelle begrenzt, die zwar erreicht, aber nicht überschritten werden darf. Beim Stretching wird nicht gefedert, sondern die optimal mögliche Endposition gehalten. Um eine wirkungsvolle Dehnung der Muskulatur zu erreichen, sollte die Bewegungsausführung mindestens zweimal wiederholt werden.

Die Muskulatur wird systematisch von außen nach innen

gedehnt, d.h. es wird mit den Extremitäten begonnen (Beine, Arme), mit der Rumpfmuskulatur abgeschlossen und beide Körperhälften gleichmäßig berücksichtigt. Dabei sollte das Prinzip "Agonist - Antagonist" eingehalten werden, "d.h. im Anschluß an das Dehnen eines Muskels erfolgt das Dehnen seines Gegenspielers" (MAEHL 1986, 110).

Bei Schülern ist ganz besonders darauf zu achten, daß Stretching nicht als Wettkampfdisziplin verstanden wird, bei dem man mit seinem Nebenmann, dem Partner oder dem Lehrer mithalten muß. Jede Bewegungsausführung hat nach den oben dargestellten Vorgaben ihre ganz individuellen Grenzen.

Dehnübungen sind nur dann sinnvoll und wirkungsvoll, wenn sie die "Gelenk-Muskel-Funktion, d.h. die Wirkungsrichtung der Muskeln" (KNEBEL 1988, 104) berücksichtigen. Bei zweigelenkigen Muskeln (Wadenmuskulatur, vordere Oberschenkelmuskulatur) ist deshalb darauf zu achten, daß eines der Gelenke zunächst in Endstellung gebracht wird (vgl. KNEBEL 1988, 104). Da das bei Übungen im Stand nicht immer einfach ist, bezeichnet KNEBEL diese als Dehnübungen 2. Grades.

Standübungen haben jedoch den Vorteil, daß sie einfach sind, keiner organisatorischen Vorbereitung bedürfen und überall spontan - unabhängig von der Bodenbeschaffenheit - ausgeführt werden können. Aus dieser Sicht sind gerade die Standübungen als besonders schulgemäß zu bewerten. Etwaige Funktionsbeeinträchtigungen können durch die Beachtung einer exakten Ausführungsweise gering gehalten werden.

8.7.2 Aspekte der Motivation

Im Gegensatz zu aktiv-dynamischen Bewegungsausführungen fehlt den gehaltenen Dehnübungen das mitreißende, begeisternde Element. Das besondere Augenmerk innerhalb der methodisch-organisatorischen Gestaltung muß deshalb den motivationsfördernden Maßnahmen gelten.

Eine der wirkungsvollsten Stimulanzen ist die Musikbegleitung beim Stretching, nicht als Impulsgeber, sondern zur Festlegung des Trainingsrhythmus in Belastungs- und Entspannungsphasen. Das geschieht z.b. durch die rhythmische Abfolge von lauter und leiser Musik, laute Musik jeweils für die Dehnungszeit (z.B. 30 sec), leise Musik für die zwischen den Dehnungen liegenden Pausen (z.B. 10 sec). Durch die Wahl attraktiver Pop-Musik, die immer mal wieder auf den neuesten Stand gebracht werden muß, wird das Programm für Schüler attraktiver.

Eine weitere Möglichkeit besteht darin, die Schüler durch vorbereitetes Anschauungsmaterial (z.B. Arbeitskarten) bewußt am Übungsprozeß zu beteiligen. Wer weiß, was er macht, warum er das macht, und wer eine anschauliche Vorstellung davon hat, welche Muskeln bei den Übungsausführungen betroffen sind, der ist mit einer positiveren Einstellung bei der Sache.

8.8 Übungsformen für das Beweglichkeitstraining

Aus dem großen Programm der Dehnübungen (vgl. v.a. ANDERSON 1983) sollen nur die wichtigsten dargestellt werden. Der Schwerpunkt der Auswahl liegt bei den Übungen, die einerseits den Hauptbeanspruchungsformen des "Fußgängersports" entgegenwirken, die andererseits leicht organisierbar sind, so daß sie zu einem Standardprogramm zusammengefaßt werden können. Daß das Beweglichkeitstraining mit Stretchingübungen aber durchaus variabel gestaltet werden kann, haben wir am Schluß mit dem Einsatz von Hilfsmitteln kurz angedeutet.

**Hintere Unterschenkel-
muskulatur**
Hinweis: Knie durchgedrückt,
Ferse am Boden

Vordere Hüftmuskulatur
Hinweis: Oberkörper vorge-
beugt

**Hintere Oberschenkel-
muskulatur**
Hinweis: Oberkörper gerade

**Hintere Oberschenkel-
muskulatur**

**Vordere Oberschenkel-
muskulatur**
Hinweis: Hüfte gestreckt

**Vordere Oberschenkel-
muskulatur**

Innere Hüftmuskulatur
Hinweis: Fußsohle am Boden

Seitliche Rumpfmuskulatur

Hintere Oberarmmuskulatur	Brustmuskulatur
Brustmuskulatur	Gesäßmuskulatur
Vordere Oberschenkelmuskulatur	Hintere Oberschenkelmuskulatur
Vordere Unterarmmuskulatur	Innere Hüftmuskulatur

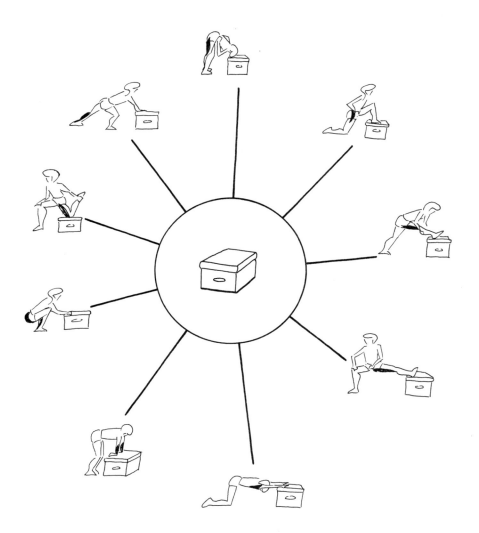

9. Kraft und Krafttraining

9.1 Grundlagen der Kraft

Kraft bezeichnet die Fähigkeit der Muskulatur, gegen Widerstände zu wirken. Im einfachsten Fall ist das die Schwere des Körpers und seiner Teile. D.h. jeder Mensch benötigt ein gewisses Maß an Kraft, um die notwendigsten Lebensvorgänge verrichten zu können. Beim Sitzen, Stehen, Gehen, Laufen, Tragen, Ziehen ist Kraft die Voraussetzung für eine ausreichende Körperstatik. Das unterstreicht die gesundheitliche Bedeutung der Kraft und rechtfertigt ihre Aufnahme in den Schulsportkatalog und in den Fitneßbereich.

Die Aufrechterhaltung der Körperstatik ist ganz besonders von der Haltekraft der Rumpfmuskulatur abhängig, auf sie ist im Zusammenhang mit Fitneß und Gesundheit das besondere Augenmerk zu richten.

Im Zusammenhang mit sportlichen Bewegungsabläufen geht es vor allem um das Überwinden von Lasten und Gewichten (Fremdgewicht, Eigengewicht), um das Bremsen fallender Lasten (z.B. des Eigengewichtes bei Sprungübungen) und um das Halten des Körpers in bestimmten Ruhelagen (Handstand, Winkelstütz).

Da es im Fitneßbereich, im Schulsport und auch im Grundlagenbereich nicht um ein spezielles, sondern lediglich um ein allgemeines sportartenübergreifendes Krafttraining geht, ist auch nur eine grobe Untergliederung des Themas erforderlich.

Je nach Ausmaß und Zeitdauer des Einwirkens sind die Kraftfähigkeiten Maximalkraft, Schnellkraft und Kraftausdauer und je nach Arbeitsweise der Muskulatur ist die statische Kraftfähigkeit von der dynamischen zu unterscheiden.

Unter Maximalkraft versteht man die größtmögliche Kraft, die eine Person willkürlich gegen einen Widerstand ausüben kann. Schnellkraft bezeichnet die Fähigkeit, Kraft möglichst explosiv zu entwickeln, z.b. den eigenen Körper (z.B. beim Springen) oder ein Gewicht (z.b. beim Stoßen und Werfen) mit hoher Geschwindigkeit zu bewegen, und Kraftausdauer bezeichnet die Ermüdungswiderstandsfähigkeit der Muskulatur gegen langandauernde und häufig wiederholte Kraftübungen.

Im Sport dominiert die dynamische Kraftfähigkeit. Sie entspricht der dynamischen Struktur sportlicher Bewegungsabläufe mit einem Wechsel von Anspannung und Entspannung der Muskulatur. Statische Kraftfähigkeit, bei der die Anspannung über längere Zeit gehalten wird (isometrische Muskelarbeit, Haltearbeit), hat nur eine untergeordnete Bedeutung, ist aber wohl, wie man jetzt zu erkennen glaubt, unterschätzt worden.

Für den Fitneßbereich, im Schulsport und auch im Grundlagenbereich haben die statischen Kraftfähigkeiten eine erheblich größere Bedeutung, u.a. im Bezug auf die schon hervorgehobene Körperstatik sowie ihre Wirksamkeit beim Aufbau eines Kraftgrundkonzeptes.

9.2 Grundlagen des Krafttrainings

Krafttraining dient dem Aufbau und der Verbesserung der Kraft. Je nach Größe des Widerstandes und der Ausführungsart werden unterschiedliche Kraftfähigkeiten erreicht.

Das Training der dynamischen Kraftfähigkeiten geschieht durch dynamische Trainingsübungen in mehreren Wiederholungen mit dazwischenliegenden Pausen. Für die dynamischen Kraftfähigkeiten gilt "das Qualitätsgesetz der Belastung", d.h. "verschiedene Dosierungsmischungen von Intensität und Dauer" führen zu verschiedenen Anpassungen (FREY 1981, 157). Bei gleicher Wahl der Trainingsübung entscheidet die Größe des Widerstandes (Gewicht) und die Zeit seines

Einwirkens darüber, ob eine Wirkung in Richtung von Maximalkraft, Schnellkraft oder Kraftausdauer erreicht wird.
Beim Maximalkrafttraining wird mit bis zu 6 möglichen Wiederholungen langsam dynamisch gearbeitet, die Pausen zwischen den Serien führen bis zur vollständigen Erholung. Beim Schnellkrafttraining werden 8 bis 12 Wiederholungen mit explosiver Ausführung und ebenfalls vollständiger Erholung zwischen den Serien bevorzugt. Beim Kraftausdauertraining schließlich wird mit geringen Widerständen (60% und weniger) und hohen Wiederholungszahlen (20, 30 und mehr) gearbeitet. Die Pausen zwischen den Serien sind nur unvollständig, so daß die jeweils folgende Serie mit einer noch erhöhten Pulsschlagzahl belastet ist.
Die Reizschwelle für ein Muskeldickenwachstum, dem physiologischen Kennzeichen für die Verbesserung der Kraft, liegt bei 70% der maximal möglichen Kraftentfaltung. Eine praxisnahe Kennzeichnung dieser wichtigen Schwelle ist durch die Wiederholungszahl bei dynamischer Ausführung gegeben: Wenn eine Trainingsübung maximal nur etwa 10mal wiederholt werden kann, entspricht die Kraftbelastung einer Reizstärke von 70 %. Widerstände, die in noch geringerer Wiederholungszahl bewältigt werden, eignen sich besonders gut für das Maximalkrafttraining. Drei bis sechs Wiederholungen entsprechen etwa 90 - 80 % der maximal möglichen Kraft. Große Wiederholungszahlen dagegen bewirken kein Muskeldickenwachstum, sondern führen lediglich zu einer Verbesserung der Stoffwechselvorgänge innerhalb der beteiligten Muskulatur. Beim Kraftausdauertraining, bei dem 20, 30 und mehr Wiederholungen durchgeführt werden, kommt es deshalb nicht zu einer Steigerung der Kraft, sondern zu einer Verbesserung der Verträglichkeit dieser Kraftleistung: Der Trainierende erwirbt die Fähigkeit, die gleiche Belastung über eine lange Zeit ohne Substanzverlust zu ertragen.
Die dynamische Kraftfähigkeit hat einen beachtenswerten koordinativen Anteil. Die verbreitete Meinung, daß jeman-

dem die Kraft von außen angesehen werden kann, trifft deshalb nur einen Teil der Wahrheit. Natürlich hat Kraft etwas mit dem Muskelquerschnitt zu tun, sie ist aber auch in erheblichem Maße vom Zusammenspiel von Muskeln und Muskelteilen, d.h. von der inter- und intramuskulären Koordination abhängig. Letztere ist durch ein Maximalkrafttraining nicht zu erreichen, sie bedarf einer höheren Wiederholungszahl.

Die Verbesserung der inter- und intramuskulären Koordination ist die erste Zielsetzung im Krafttraining. Hohe Wiederholungszahlen mit leichten Gewichten bzw. Übungen mit dem eigenen Körper sind das richtige Mittel. Eine Orientierung an der unteren Grenze der kraftwirksamen Wiederholungszahl, d.h. 10 Wiederholungen, ist anzustreben. Das ist auch deshalb sinnvoll, weil der wenig Trainierte nur etwa 60% der Krafteinheiten eines Muskels innervieren kann, während es beim Trainierten 95% sind.

Für statische Kraftübungen gelten andere Gesetze als für dynamische. Vor allem hat das Qualitätsgesetz der Belastung hier keine Bedeutung. Verschiedene Dosierungsmischungen von Intensität und Dauer führen zu gleicher Anpassung. Für die Ausbildung der statischen Kraftfähigkeit ist es egal, ob die Muskulatur kurzzeitig stark angespannt wird oder über eine längere Zeit mit geringerer Intensität. Die Adaptation bei den "Kombinationen "40 % mit 15 bis 20 sec", "60 % mit 6 - 10 sec" oder "100 % mit 2 bis 3 sec" sind vom Ergebnis her gleichwertig"(FREY 1981, 157). Beachtenswert ist darüber hinaus, daß die adaptationswirksame Reizschwelle bei statischen Kraftübungen schon bei 20 bis 30 % der Maximalkraft liegt. Dadurch werden statische Kraftübungen vor allem für das Training der stabilisierenden Rumpfmuskulatur interessant (siehe Stabilisierungsübungen).

9.3 Funktionalität von Kraftübungen

Die Übungsauswahl und die Ausführungsweise von Kraftübungen sind seit einigen Jahren ein beherrschendes Thema im Krafttrainingsbereich. Hat man sich bis dahin zu sehr oder fast ausschließlich von motivationalen Gesichtspunkten wie Vielseitigkeit, Originalität, Attraktivität und ganz vordergründigen Aspekten wie Aktion und sichtbarem Anstrengungsgrad der Übungen leiten lassen, so wird von kritischer Position her "allein deren Funktionalität" (KNEBEL 1985, 105) als Auswahlkriterium anerkannt, (d.h. die Beachtung der funktionell-anatomischen Bedingungen). Es ist das Verdienst der Vertreter einer kritischen Position (z.B. KNEBEL, WIRHED, SPRING u.a), daß vielerorts mit Kraftübungen nicht mehr so unreflektiert umgegangen wird. Allerdings ist auch eine Verunsicherung festzustellen, weil einige der besonders beliebten Übungen, die in fast jedem Training anzutreffen sind, der Funktionalitätsprüfung nicht standhalten.

Funktional sind Kraftübungen, wenn sie die funktionellanatomischen Bedingungen beachten. Zwar sind anatomische Grundlagen im Zusammenhang mit der Vermeidung von Fehlbelastungen schon immer ein Thema des Krafttrainings (vgl. u.a. die Darstellungen bei HARRE 1982, 149 ff.), der Auseinandersetzung mit dieser Problematik fehlt allerdings die erforderliche Konsequenz. Nur so ist zu erklären, daß heute vor der Ausführung von Übungen gewarnt wird, die jahrzehntelang bedenkenlos in hoher Intensität ausgeführt wurden.

9.3.1 Unfunktionelle Kraftübungen

Mißachtet werden die funktionell-anatomischen Bedingungen am deutlichsten bei Übungen zur Kräftigung der Rumpfmuskulatur.

Typische Beispiele sind Sit-up und Klappmesser, wenn sie
zur Kräftigung der Bauchmuskulatur angesetzt werden.

Abb. 6: Unfunktionelle Bauchmuskelübungen

Die bei diesen Übungen im Mittelpunkt stehende Hüftbeugung
kann jedoch gar nicht von der Bauchmuskulatur geleistet
werden, weil diese nicht über das Hüftgelenk zieht. Ansatz
und Ursprung der Bauchmuskulatur liegen oberhalb des
Hüftgelenks am Becken und an den Rippen. Der Wirkungsbereich der Bauchmuskulatur sind deshalb lediglich die
Gelenke der Wirbelsäule, sie krümmen die Wirbelsäule nach
vorne.

Zur Stärkung der Bauchmuskulatur müssen deshalb auf der
Grundlage der dargestellten funktionell-anatomischen
Bedingungen Übungen gewählt werden, bei denen die Wirbelsäule aufgerollt wird, eine aktiv-dynamische Hüftbewegung
allerdings vermieden wird.

Da darüber hinaus die Bauchmuskulatur antagonistische
Funktion zur Hüftbeugemuskulatur hat und deshalb für das
Kräftegleichgewicht in diesem Bereich von großer Bedeutung
ist, wird die beabsichtigte Wirkung durch die Ausführung
von Klappmesser und Sit up in ihr Gegenteil verkehrt. Bei
längerfristigem Training kommt es zu einem deutlichen
Ungleichgewicht mit einem Übergewicht der Hüftbeugemuskulatur, in deren Folge eine Beckenkippung nach vorne und

Abb. 7: Funktionelle Bauchmuskelübungen

eine Überlastung des Lendenwirbelbereiches stehen (vgl. die Darstellung auf S.23).

Ähnliche Probleme treten bei einigen traditionellen Übungen zum Training der Rumpfrückseite auf. Wenn die Beine oder der Oberkörper aus der Bauchlage angehoben werden, um die Gesäßmuskeln zu stärken, so sollte die Übungsausführung jeweils in der Waagerechten enden. Werden dagegen Oberkörper oder Beine über die Waagerechte hinaus gestreckt oder sogar schnellkräftig in die Endpositionen "geschlagen" (Hyperextension), wird die Hauptarbeit von den Rückenstreckern geleistet, "und aus der vermeintlichen Gesäßmuskelübung wird vornehmlich eine Kräftigung der Rückenstrecker mit einer nicht funktionellen Beanspruchung im Bereich des lumbo-sakralen Übergangs" (KNEBEL 1985, 110).

Da auch die Gesäßmuskulatur eine wichtige antagonistische Funktion bei der Aufrechterhaltung des Kräftegleichgewichts im Hüftbereich zu erfüllen hat, ist auf eine exakte Ausführung Wert zu legen. Sonst wird - wie schon bei den Übungen zur Kräftigung der Bauchmuskulatur - genau das Gegenteil erreicht: eine Herausbildung und eine

Abb. 8: Unfunktionelle Kraftübungen

Verstärkung eines muskulären Ungleichgewichts mit einer Gefahr der Schwächung und Schädigung im Lendenwirbelbereich.
Unfunktionell sind Kraftübungen auch dann, wenn sie die kraftmäßigen Voraussetzungen der Übenden überfordern. Die negative Beurteilung von Liegestützübungen und Klimmzügen (vgl. KNEBEL 1985, 190) ist wohl so zu verstehen. Allerdings ist es u.E. falsch, eine pauschale Verurteilung dieser Übungen vorzunehmen. Unterschiedliche kraftmäßige Voraussetzungen verlangen vielmehr eine angemessene Differenzierung.

9.3.2 Krafttraining in Abhängigkeit vom Fasertyp

Wie die Übungsauswahl so bedarf auch die Ausführungsweise der Beachtung funktioneller Grundlagen. Entscheidendes Kriterium ist die Fasertypologie der Muskulatur. Ganz grob lassen sich zwei Muskeltypen unterscheiden: die Aktionsmuskulatur und die Fixationsmuskulatur.
Die Aktionsmuskulatur ist vom Aufbau her parallelfaserig: Sie hat eine große Hubhöhe und ist für Schnellkraftübungen besonders geeignet. Große Teile der Extremitätenmuskulatur sind parallelfaserig.
Die Fixationsmuskulatur ist dagegen gefiedert. Sie hat nur eine geringe Hubhöhe, ist aber zu großer Kraftentwicklung fähig. Die Fixationsmuskulatur ist für schnellkräftige Bewegungsausführungen nicht geeignet. Die angemessene Arbeitsweise ist langsam dynamisch oder haltend. Große Bereiche der Rumpfmuskulatur, insbesondere Bauch- und Gesäßmuskulatur, aber auch Anteile der Extremitätenmuskulatur (z.B. der mittlere und seitliche Anteil des vierköpfigen Schenkelstreckers) sind gefiedert.
Aktionsmuskulatur und Fixationsmuskulatur sind im Krafttraining deutlich zu unterscheiden. Die Ausführungsweise ist nicht immer die schnellkräftig dynamische, wie

es die traditionellen Circuittrainingsmodelle vorschreiben. Das Ausführungstempo muß vielmehr der Fasertypologie der Muskulatur entsprechen. Nur für das Krafttraining der parallelfaserigen Muskulatur, schwerpunktmäßig der Extremitätenmuskulatur, sind schnellkräftige Ausführungen funktional, Kraftübungen für die gefiederte Muskulatur, insbesondere die Rumpfmuskulatur, werden lediglich mit mäßigem Tempo in den Endpositionen verharrend oder mit isometrischer Muskelkontraktion durchgeführt.

Aus der dargestellten Sicht von Bau, Funktion und Aufgaben der Muskulatur muß die gängige Trainingspraxis, wie sie auch heute noch die Literatur zum sportartbezogenen und sportartübergreifenden Krafttraining beherrscht, überdacht werden. Auch die gängige Praxis der Leistungskontrollen mit höchsten Wiederholungszahlen pro Zeiteinheit ist revisionsbedürftig.

9.4 Krafttraining im Fitneßbereich

Ziel des Krafttrainings im Fitneßbereich ist der Erhalt und der Aufbau einer ausreichenden Körperstatik sowie die Verbesserung der Belastungsverträglichkeit bei längerdauernden Kraftbelastungen. Seine Funktion ist präventiv und ausgleichend auf die Vermeidung von Schäden an Stütz- und Bewegungsapparat sowie auf den kraftmäßigen Ausgleich einseitiger Belastungen zur Erhaltung des Muskelgleichgewichts ausgerichtet.

Die herausgestellten Grundsätze und Grundlagen des Krafttrainings gelten auch für den Fitneßbereich. Sein Kennzeichen ist jedoch nicht das Spezielle und Spezifische, sondern das Allgemeine und Grundlegende. Für alternative Kombinationen von Intensität und Dauer der Krafteinwirkungen, wie sie im speziellen Krafttrainingsbereich notwendig sind, ist hier nicht der richtige Platz.

Die Arbeit mit dem eigenen Körper, mit Kleingeräten wie
Seil und Medizinball und an Großgeräten wie Reck, Barren
und Sprossenwand erlaubt keine Abstufung nach genauen
Prozentzahlen der individuellen Belastungsgrenze, denn
"was sind hier 40, 70 oder 80 % ?" (FREY 1981, 137). Im
Mittelpunkt steht vielmehr die "Maximalmethode" (FREY
1981, 157), die auch als "Ausbelastungsmethode" gekennzeichnet werden kann. Eine Orientierung an Belastungs-
größen, die eine Ausbelastung bei etwa zehnmaliger
Wiederholung gestatten, ist anstrebenswert, weil dann
sowohl der Kraftzuwachs als auch die inter- und intra-
muskuläre Koordination angesprochen werden.

Bei aller Schwierigkeit der Dosierung bieten auch das
Kraftausdauertraining und das isometrische Training
(haltende Arbeit) gute Möglichkeiten für eine allgemeine
Kräftigung im Sinne der obengenannten Zielsetzung. Denn je
niedriger der Leistungsstand ist, desto weniger besteht
die Gefahr, keine Wirkung zu erzielen, d.h. desto allge-
meiner kann das Training sein. Die Arbeit mit dem eigenen
Körpergewicht (dynamisch oder haltend), mit leichten
Gewichten und hohen Wiederholungszahlen gestattet die
Herausarbeitung eines allgemeinen, sportartübergreifenden
Kraftkonzeptes mit relativ hoher Kraftleistungsfähigkeit
und gleichzeitig guter Ermüdungswiderstandsfähigkeit der
Muskulatur.

9.5 Krafttraining im Schulsport

Die für den Fitneßbereich herausgestellten Grundsätze des
Krafttrainings gelten auch für den Schulsport. Auch im
Schulsport ist das Krafttraining in erster Linie eine
präventive Maßnahme. Im Mittelpunkt stehen die allgemeinen
Kraftfähigkeiten.

Wie im Fitneßbereich, so sollte auch im Schulsport das

isometrische Krafttraining - ein bis dahin weitgehend vernachlässigter Bereich - einen größeren Stellenwert erhalten. Da schon geringe Intensitäten bei entsprechender Dauer zu deutlichen Kraftzuwächsen führen, sind Halteübungen von ihrer Belastungsstruktur her und bezogen auf die Mängel von Kindern und Jugendlichen im Bereich der Haltefunktion des Stütz- und Bewegungsapparates als besonders schulgemäß anzusehen.

Durch die allseitige Kraftausdauerbeanspruchung der Rumpf-, Arm- und Beinmuskulatur und eine Stärkung der Haltedauerfähigkeit wird eine relativ breite Kraftleistungsfähigkeit bei gleichzeitig gutem Ausdauervermögen entwickelt. Diese schafft kraftmäßige Voraussetzungen für das Sporttreiben in den verschiedenen Sportarten auf einer Basis, von der aus die Ziele Gesundheit einerseits und sportliches Können andererseits nicht unterschieden werden müssen.

Im Schulsport gilt es, die Vielfalt der Trainingsmittel auszunutzen und eine nur näherungsweise Grobdosierung in Kauf zu nehmen. Die verbreitete Meinung, daß Krafttraining für Kinder und Jugendliche gefährlich sei, ist nur dann richtig, wenn sie sich auf die Arbeit mit bestimmten Zusatzlasten (Hanteln) bezieht. Krafttraining mit Kindern und Jugendlichen ist aber auch dann problematisch, wenn nur geringe Wiederholungszahlen geschafft werden, d.h., wenn die Dosierung im Bereich des Maximalkrafttrainings liegt.

Wer gerade drei Liegestütze, Klimmzüge oder Beugestütze schafft, arbeitet im Bereich der Maximalkraft. Bei derartig "gewürgten" Bewegungen und offensichtlichem Fehlen der inter- und intramuskulären Koordination besteht die Gefahr unfunktioneller Belastung und unkoordinierter Nebenbewegungen mit einer Überforderung des Bewegungsapparates.

Auf Übungen, die solide Wiederholungszahlen gestatten, ist deshalb besonderer Wert zu legen - je jünger die

Kinder sind, desto mehr. Eine Orientierung an der Wiederholungszahl 10 ist optimal, ihre Verwirklichung bei variablen Übungen an Bänken, Tauen, Sprossenwand, Barren, Reck und Kästen jedoch kaum zu erreichen. Höhere Wiederholungszahlen leisten der Ausbildung der koordinativen Zielsetzung allerdings keinen Abbruch. Ein intensives Kraftausdauertraining mit hohen und höchsten Wiederholungszahlen pro Zeiteinheit muß jedoch vermieden werden, da die mit ihnen verbundenen anaeroben Ausdauerbelastungen ebenfalls nicht kindgemäß sind. Hohe Wiederholungszahlen bei zwar zügigem, nicht aber maximalem Ausführungstempo mit einer entsprechenden Pausengestaltung bieten eine gute Orientierung.

9.6 Abhängigkeit von Alter und Geschlecht

Die oft hartnäckig vertretene Auffassung, daß Krafttraining für den Heranwachsenden so grundsätzliche Gefahren birgt, daß es nicht zu verantworten ist, beruht auf einem laienhaften Verständnis von Krafttraining, "worunter meist (unberechtigt) Hanteltraining mit schweren Gewichten verstanden wird" (LETZELTER 1986, 318/319 nach KNEBEL 1985, 81). Es gibt heute gesicherte Erkenntnisse, daß Krafttraining in jeder Altersstufe durchgeführt werden kann, daß es im Gegenteil einem Versäumnis gleichkommt, wenn man es vernachlässigt. Der enorme Anteil von Haltungsschwächen und Haltungsschäden bei Kindern und Jugendlichen spricht eine deutliche Sprache. Wer mit Kindern und Jugendlichen Krafttraining betreibt, muß allerdings die entwicklungsbedingten Voraussetzungen und die geschlechtsspezifischen Unterschiede berücksichtigen.

Vor der Pubertät ist die Kraft nur eingeschränkt trainierbar, obwohl im Alter von 7 bis 9 Jahren ein deutlicher Kraftzuwachs feststellbar ist. Ein trotz ungünstiger Voraussetzungen sicheres Kennzeichen der Wirksamkeit von Krafttraining auch in diesem Altersbereich ist eine deutliche Leistungssteigerung bei gezieltem Training, die jedoch nicht auf einer Zunahme von Muskelmasse, sondern auf einer Verbesserung der intra- und intermuskulären Koordination beruht. Beginnend mit dem Klettern, Hängen, Ziehen, Schwingen und Hüpfen können schon in jungen Jahren die Grundlagen gelegt werden, auf denen später aufgebaut werden kann. Versäumtes ist kaum nachzuholen. Unentbehrlich ist das Krafttraining in den ersten Jahren der Schulzeit auch deshalb, weil es in dieser Altersstufe am besten gelingt, die psychischen Voraussetzungen, d.h. die Bereitschaft für Kraftanstrengungen zu schaffen. Kraft in diesem Sinne kann durchaus erlernt werden.

Die größte Kraftzuwachsrate liegt bei Jungen etwa ab dem Alter von 13 Jahren, bei Mädchen im Alter von 11 Jahren, in dem das weibliche Geschlecht das stärkere ist (vgl. FREY 1981, 194). Mit Einsetzen der Geschlechtsreife und der Phase des größten Längenwachstums beginnt keinesfalls eine Schonzeit, die Jugendlichen sind im Gegenteil solide auf Kraft belastbar. Schon ab diesem Alter erreichen sie "eine Trainierbarkeit ihrer Muskeln ..., die etwa 60 % (bei Mädchen etwa 45 %) der Trainierbarkeit des Erwachsenen entspricht" (SPERLING 1967, 26 zit. nach FREY 1981, 195).

Das Krafttraining ist jetzt schon deshalb besonders wichtig, weil die körperliche Entwicklung sich so stark auswirkt, daß der Schwellenreiz, von dem ab mit Anpassungserscheinungen im Bewegungsapparat zu rechnen ist, sich im Zuge des Wachstums sehr schnell nach oben hin verschiebt, so daß die bis dahin noch herausfordernden Beanspruchungen sich schon bald defizitär auswirken.

Das Krafttraining im Wachstumsalter bedarf allerdings besonderer Beachtung funktioneller Gesichtspunkte und wachstumsbedingter anatomischer Besonderheiten. Wegen der noch nicht verknöcherten Epiphysenfugen ist eine entsprechende Dosierung der Belastung notwendig. Problematisch sind Maximalkraftbedingungen und wegen möglicher Ermüdungsverletzungen intensives Kraftausdauertraining, kurze Schnellkraftaktionen und auch "übermäßige statische Haltearbeit" (FREY 1981, 196).

Angemessenes Krafttraining für Jugendliche im Wachstumsalter ist ein allgemeines Krafttraining, bei dem alle Belastungsspitzen vermieden werden. Die Lasten sind nicht maximal, sondern allenfalls submaximal, die Ausführungsweise ist nicht möglichst schnell, sondern natürlich oder nur langsam-dynamisch, und bei statischen Beanspruchungen werden geringe Intensitäten bevorzugt.

Ein stabiles Kraftniveau stellt sich erst nach Abschluß der Pubertät ein. Jetzt ist die Kraft uneingeschränkt trainierbar. Die Belastungen müssen allerdings individuell angepaßt werden. Die oft sehr unterschiedliche Belastungsverträglichkeit von Schülern einer Klasse verlangt ein differenziertes Krafttrainingsprogramm.

Mädchen und Jungen unterscheiden sich hinsichtlich ihrer Kraftfähigkeiten erheblich. Vor der Pubertät allerdings gibt es keine beachtenswerten Differenzen. Erst mit ihrem Beginn werden die Unterschiede deutlich. Der "Rückstand der Mädchen in der Maximalkraft" vergrößert sich bis zur abgeschlossenen Reife "auf mehr als 30 %" (LETZELTER 1978, 88). Dies betrifft jedoch vorwiegend die Antriebsmuskulatur der Extremitäten, nicht die Fixationsmuskulatur des Rumpfes, für die keine Unterschiede nachgewiesen wurden (vgl. FREY 1981, 194).

Zu beachten ist aber auch die mit Beginn der Geschlechtsreife einsetzende Herausbildung anatomischer Besonderheiten des weiblichen Körperbaus. Mit relativ breitem Becken und schmalen Schultern liegen bei Mädchen andere Voraussetzungen vor als bei Jungen mit umgekehrter Körperkonstellation. Die anatomischen Unterschiede verlangen ein differenziertes Kraftkonzept mit unterschiedlichen Übungen. Da Mädchen, bedingt durch ihren Körperbau, von

Natur aus über eine große Rumpfbeweglichkeit verfügen, sind Programme zur Kräftigung des Rumpfes für sie aus funktionell-anatomischen Gesichtspunkten wichtiger als solche zur Dehnung.

9.7 Rumpfkraft vor Extremitätenkraft

Obwohl der Blick auf sporttypische Leistungsvoraussetzungen eine Kräftigung der Aktionsmuskeln (Arm-, Beinmuskulatur) favorisiert und in der Trainingspraxis oft auch so verfahren wird, sollte die erste Aufmerksamkeit der Fixationsmuskulatur (Rumpfmuskulatur) geschenkt werden. Denn Dreh- und Angelpunkt aller Bewegungen, vor allem auch derjenigen, die an die Aktionsmuskeln gestellt werden, ist die Wirbelsäule. Sie ist zugleich schwächstes Glied in der Bewegungskette. Eine Grundforderung des Krafttrainings muß deshalb sein, zunächst eine größtmögliche Stabilisierungsfähigkeit des Körpers zu erzielen.

Das gelingt nur durch eine allseitig entwickelte Rumpfmuskulatur. Die Rumpfmuskulatur vergurtet die Wirbelsäule, sie verleiht ihr so den nötigen Halt und gibt ihr Führung. Erst eine gut entwickelte Rumpfmuskulatur ist in der Lage, den vielfältigen Bewegungsbeanspruchungen ein entsprechendes Widerlager zu geben und die Wirbelsäule vor Fehlbelastungen und Überbelastungen zu schützen. Denn die bei den schwerpunktmäßig betriebenen "Fußgängersportarten" und ihrem Training auftretenden "drehenden oder gar scherenden Kraftimpulse mit abrupten Bremsbewegungen treffen die Wirbelsäule umso unvermittelter, je schwächer die Rumpfmuskulatur ausgeprägt ist" (KNEBEL 1988, 122).

9.8 Differenzierung und Individualisierung

Unterschiedliche Kraftleistungsvoraussetzungen, wie sie im Unterricht mit Schulklassen üblich sind, verlangen ein differenziertes Krafttrainingsprogramm. Auch wenn nur eine Grobdosierung möglich ist, ist auf angemessene Wiederholungszahlen und auf eine angemessene Stabilisierungsfähigkeit bei den Übungen zu achten.
Die Streubreite der Kraftleistungsfähigkeit innerhalb einer Klasse ist oft so groß, daß einige Schüler eine gewählte Übung gar nicht oder nur mit "Hängen und Würgen" schaffen, andere sie nur wenige Male ausführen können, wieder andere solide 8 bis 12 Wiederholungen schaffen und für eine kleine Gruppe von besonders leistungsfähigen Schülern 20 und mehr Wiederholungen gar kein Problem sind. Was für den einen eine Überforderung bedeutet, ist für den anderen Maximalkrafttraining, liegt für den dritten im optimalen Krafttrainingsbereich und ist schließlich für den Leistungsfähigen nur noch für das Kraftausdauertraining geeignet.
Zur Förderung der Kraftleistungsfähigkeit in einem vorher definiertem Bereich ist eine differenzierte Aufgabenstellung notwendig. Wer eine große Wiederholungszahl schafft, bekommt eine Erschwerung, wer die Übung nur wenige Male ausführen kann, eine Erleichterung. Bei dieser Abstufung ist ganz besonders darauf zu achten, daß für die leistungsschwachen Schüler Übungsvarianten gewählt werden, die sie je nach Trainingsanliegen in einer soliden Wiederholungszahl schaffen können. Auch dabei sind natürlich nur Grobdosierungen möglich, wie die folgenden Beispiele zeigen.

Abb. 9: Möglichkeiten der Differenzierung im Krafttraining

9.9 Schülergerechte Auswahl von Übungsformen und ihre Organisation

Die insbesondere von seiten der manuellen Medizin erhobene Forderung, die Auswahl der Kraftübungen **allein** nach ihrer Funktionalität zu treffen und sich nicht von Kriterien wie Variabilität und Originalität "verführen" zu lassen, trifft den Schulsport ganz besonders. Denn gerade dort ist das Attraktive, Ansprechende, Reizvolle aus motivationalen Gründen besonders geboten. Viele der Übungen, die eben aus diesen Gründen bis dahin im Mittelpunkt des schulischen Angebots standen, und auch eine Reihe der für die Überprüfung der motorischen Leistungsfähigkeit vorgeschlagenen Testübungen (vgl. DASSEL/HAAG 1975) können aus Gründen fehlender Funktionalität nicht mehr empfohlen werden.

Auf der anderen Seite sind die meisten der für das

funktionale Krafttraining vorgestellten Übungen überaus nüchtern und so wenig attraktiv, daß sie für den Schulsport wenig geeignet scheinen. Die oft ungewöhnlichen Ausführungen erfordern Konzentration, Genauigkeit und eine Konsequenz, die man von Schülern, für die Gesundheit keine Motivation darstellt, nicht erwarten kann. Wie andere gesundheitsorientierte Konzepte, so sieht sich auch das Krafttraining mit der Motivationsproblematik konfrontiert. Die Organisation des Krafttrainings und die Auswahl der Übungen muß deshalb auf der Grundlage von Überlegungen erfolgen, wie man das objektiv Richtige (funktionell-anatomischer Aspekt) mit dem subjektiv Interessanten (motivationaler Aspekt) verbinden kann. Mit den folgenden Beispielen sollen ein paar in der Praxis bewährte Möglichkeiten aufgezeigt werden:

Musik (Pop-Musik) als Rhythmusgeber
Für alle dynamischen Bewegungsausführungen, die rhythmisch aufeinander folgen, ist Musik eine ansprechende und motivierende Begleitung. Dabei ist es egal, ob die Bewegungen schnellkräftig oder langsam-dynamisch ausgeführt werden. Es ist bei Schülern vor allem die Pop-Musik, die sich als Stimulanz eignet. Musikbegleitung hat außerdem den Vorteil, von der Anstrengung, aber auch von der Monotonie von Übungen abzulenken.

Musik (Pop-Musik) als Mittel der Trainingsorganisation
Sowohl für statische als auch für dynamische Krafttrainingsprogramme eignet sich Musik für die Gestaltung des Trainings in Belastungs- und Erholungsphasen. Das geschieht z.B. in der Weise, daß während der Belastung laute Musik gespielt wird, während die Pausenzeit durch leise Musik gekennzeichnet ist, oder es werden zwei verschiedene Musikstücke so zusammengesetzt, daß eines die Belastungszeit, das andere die Erholungszeit markiert. Je nach beabsichtigter Anspannungs- und Entspannungszeit läßt sich das

Training auf diese Weise hervorragend strukturieren. Die Funktion der Musik ist die gleiche wie vorher.

Individual-, Partner- und Gruppenvergleiche
Interessant ist der direkte Vergleich mit einem Partner, von Gruppen untereinander und auch der mit sich selbst zu Beginn und am Ende eines längeren Trainingsprogramms. Unabhängig von der Arbeitsweise (dynamisch, statisch) kann dabei nach der Maximalmethode vorgegangen werden, d.h. ohne Vorgabe einer Zeit möglichst viele Wiederholungen schaffen (schnellkräftig oder langsam-dynamisch) oder bei statischen Übungen eine Position möglichst lange halten.

Einsatz vielfältiger Geräte
Nicht nur bei jüngeren Schülern ist die richtige Gerätewahl eine ausgezeichnete Möglichkeit, das Krafttraining anregend zu gestalten. Mit Tauen, Bänken, Kästen, Ringen, Klettergerüsten und Zusammenstellungen von Großgeräten zu "Kraftmaschinen" lassen sich für alle Altersgruppen Herausforderungen finden.

Krafttraining in Geschichten verpacken
Ganz besonders für jüngere Schüler ist die anschauliche Handlung oder die spannende Geschichte eine ausgezeichnete Verpackung für kräftigende Übungen. Wenn mit Tauen über Schluchten geschwungen wird, an Sprossenwänden eine steile Kletterpartie begonnen wird oder zum Erreichen eines Zieles über tiefe Gräben gesprungen wird, wird das Krafttraining zum Abenteuer.

Moderne Trends aufgreifen
Hinter der Aufforderung "Heute machen wir Studio" liegt oft viel mehr Motivation als hinter "Heute machen wir Krafttraining". Hin und wieder sollte man mit den Schülern solche Trends aufgreifen. Sie verlangen neben aller Phantasie auch den Bau von Geräten und Gewichten (s. Anhang),

die mit den Schülern zusammen konstruiert und erstellt werden können.

9.10 Organisation des Krafttrainings

Die Organisation des Krafttrainings erfolgt traditionell in Stationen, die ein- oder mehrmals nacheinander durchlaufen werden. Unabhängig davon, auf welche Kraftfähigkeit das Training ausgerichtet ist, wird deshalb im allgemeinen von "Stationentraining" (vgl. MARTIN 1979) gesprochen.

Speziell für das Kraftausdauertraining ist das "Circuittraining" die beherrschende Organisationsform. Im Sinne der Zielsetzung wird mit geringen Gewichten (Intensitäten, Kraftbelastungen), großen Wiederholungszahlen und unvollständigen Pausen gearbeitet. Prinzipien des Circuittrainings sind feste Zeitintervalle von Belastung und Erholung und ein Wechsel der Muskelgruppen etwa in der Reihenfolge Arme - Beine - Bauch - Rücken. Mit Anfängergruppen wird z.B. in Zeitintervallen von 20 sec Belastung und 40 sec Pause gearbeitet. Mit der Verbesserung der Kraftausdauerfähigkeit wird dann auf das Verhältnis 30:30 und sogar 40:20 umgestellt.

Die Erkenntnisse der funktionellen Anatomie rütteln jedoch auch an den Grundlagen traditionellen Circuittrainings. Die in den Belastungsintervallen geforderten maximalen Wiederholungszahlen pro Zeiteinheit sind von diesem Standpunkt her nur noch für die Aktionsmuskeln, d.h. für die Anteile Arme und Beine, nicht aber für die Rumpfmuskeln, die Anteile Bauch und Rücken, zu vertreten. Da beim Krafttraining mit Kindern und Jugendlichen auch intensive Kraftausdauerbelastungen nicht angemessen sind, muß das Kraftausdauertraining - bei Aufrechterhaltung aller anderen Prinzipien des Circuittrainings - dahingehend abgewandelt werden, daß nur noch im Bereich der Extremitätenmuskulatur schnellkräftig mit zügigen Wiederholungen gearbeitet wird, Übungen für die Bauch- und Rückenmuskulatur dagegen langsam dynamisch, in den Endpositionen verharrend, ausgeführt werden.

Ein Kraftausdauertraining mit diesen gelockerten Prinzipien kann eher mit dem neutralen Begriff "Kreistraining" gekennzeichnet werden. Wie beim Circuittraining wechseln die Muskelgruppen von Station zu Station. Die Arbeitsweise ist vor allem die extensive, nicht die intensive. Der Trainingsrhythmus wird durch einen dem Leistungsstand entsprechenden Zeittakt vorgegeben, der z.B. durch eine Musikbegleitung eingespielt wird.

Für das "Ausbelastungstraining" ist das Stationentraining die richtige Organisationsform. Die Übungen werden so gewählt, daß etwa 10 Wiederholungen möglich sind. Das verlangt an jeder Station die Bereitstellung eines differenzierten Programms (s. Differenzierungen). Es wird jeweils bis zur Ermüdung gearbeitet. Die Pausen zwischen den einzelnen Serien sind vollständig. Sie können z.B. mit entspannender Musik gefüllt werden.

Das dynamische Krafttraining kann jedoch auch weniger formal organisiert werden: durch Gerätearrangements, die überwunden werden müssen, durch Hindernisbahnen oder rhythmische Reihen. Hier brauchen besonders Kinder kreative Lösungen.

Beim statischen Krafttraining empfiehlt sich eine vom Zeittakt her ähnliche Organisation wie beim Circuittraining. Durch eine Musikbegleitung kann z.B. bei geringer Intensität ein Verhältnis von 20 : 15 (Belastung : Erholung) vorgegeben werden, das sich im Laufe der Verbesserung der Kraftfähigkeit zu längeren Belastungszeiten hin verschiebt. Ein Wechsel der Muskelgruppen ist hier nicht so wichtig. Es kann auch mit mehrfacher Wiederholung derselben Übungen trainiert werden.

9.11 Übungsformen für das Krafttraining

Die folgenden Kraftübungen sind grob nach den Schwerpunkten obere Extremität und Schulter, Rumpfrückseite, untere Extremität und Hüfte, Rumpfvorderseite geordnet.

Es sind vor allem die in den Sporthallen vorhandenen Turngeräte, die eine Vielzahl von Möglichkeiten für ein attraktives Krafttraining bieten. Je nach vorhandenem Gerätebestand und je nach - in Schulsportstunden - für andere Inhalte verwendetem Material können gleiche oder ähnliche Übungen z.B. mal am Barren, mal am Reck, mal an der Kastengasse und mal an den Tauen durchgeführt werden. Aber auch mit Kleingeräten wie Bänke und kleine Kästen läßt sich spontan ein vielseitiges Programm zusammenstellen. Auf die Vielfalt der Darstellungen wird deshalb besonderer Wert gelegt, Wiederholungen gleicher Übungen an verschiedenen Geräten sind beabsichtigt.

Der Gesichtspunkt der Funktionalität findet durch die Auswahl solcher Übungen Berücksichtigung, die in angemessener Wiederholungszahl durchgeführt werden können. Darauf sollte bei der Zusammenstellung der Programme geachtet werden. Für Differenzierungen bietet das Angebot reichlich Auswahlmöglichkeiten.

Daß jedes Gerät für sich als Krafttrainingsgerät verwendet werden kann, wird zum Schluß anhand von Geräteprogrammen verdeutlicht. Die Darstellungen erfolgen nach ausführlicher Beschreibung der Einzelübungen ohne Kommentar. Eine Ergänzung für das Training zu Hause sind die Übungsvorschläge mit dem Stuhl.

Auf allen Vieren über die die Länge der Bank

Auf allen Vieren über die Länge der Bank mit einer Hand auf der Sitzfläche und einer auf dem Boden

Vierfüßlergang wie vorher, jedoch wird in der Mitte der Bank die Seite gewechselt

Vierfüßlergang über die Länge der Bank mit den Füßen auf und den Händen neben der Bank

Vierfüßlergang wie vorher mit Seitenwechsel in der Mitte der Bank

Krebsgang über die Länge der Bank

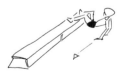

Krebsgang seitwärts mit Füßen auf und Händen neben der Bank

In Bauchlage über die Bank ziehen

Hockwendeschwünge über die Länge der Bank

Grätsch-Stützhüpfen mit einmaligem/zweimaligem Zusammenschlagen der Beine über der Bank

Hockwenden hin und her über den kleinen Kasten

Um den kleinen Kasten herumstützeln

Umstützeln an der Bank. Die Hände laufen im Kreis um die auf der Bank fixierten Füße

Hockstützen an der Kastengasse mit festem Stütz und Abdruck aus dem Grätschstand

Wander-Hockwende an der Kastengasse

Vierfüßlergang seitwärts an der Kastengasse

Umstützeln eines kleinen Kastens im Stütz rücklings

Krebsgang an der Kastengasse

Hockstützsprünge hinauf und hinunter am Kasten

Liegestützlaufen vor und zurück am kleinen Kasten (Bank)

Wanderstützen in der Kastengasse mit Sprung in den Stütz und Absenken in den Stand

Beugestütz rücklings am Kasten mit festem Fußstütz auf dem Boden (Beinunterstützung)

Beugestütz rücklings am kleinen Kasten

Beugestütz rücklings am Barren mit Fußstütz auf einem niedrigeren Kasten (Beinunterstützung beim Heben)

Liegestütz rücklings an
der Bank mit Absenken
in den Sitz

Liegestütz rücklings
zwischen zwei Kästen

Liegestütz rücklings in der
Kastengasse mit Aufstrecken
der Hüfte

Liegestütz rücklings am
Barren mit Fußstütz auf
einem etwa höhengleichen
Kasten

Liegestütz rücklings am
Barren mit Fußstütz auf
einer Matte

Liegestütz rücklings am
Barren mit Fußstütz auf den
Holmen und Aufstrecken der
Hüfte

Liegestütz rücklings
zwischen zwei kleinen
Kästen mit Aufstrecken der
Hüfte

Spannstützlaufen vor und
zurück im Stütz auf einem
kleinen Kasten

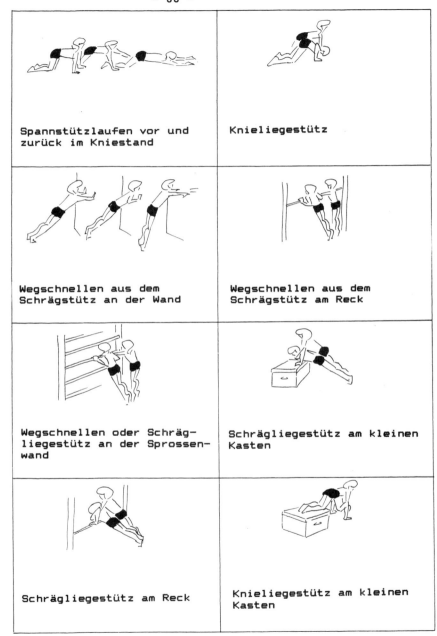

Knieliegestütz an der
Kastengasse

Treppauf, treppab am
kleinen Kasten

Liegestütz –
Stabilisierung des Hüft-
bereichs durch gekreuzte
Beine

Liegestütz rücklings

Liegestütz –
Hinweis: Voraussetzung ist
die Stabilität im Lenden-
wirbelbereich

Liegestütz am Barren mit
Fußstütz auf den Holmen
Hinweis: Voraussetzung ist
die Stabilität im Lenden-
wirbelbereich

Liegestütz am Barren mit
Fußstütz auf einer Matte

Liegestütz an der
Kastengasse

Liegestütz am Barren mit Fußstütz auf einem Kasten	Liegestütz mit erhöhter Beinposition
Knieliegestütz an einer Schräge	Hockstütz an einer Schräge Hinweis: Kopf bleibt zwischen den Armen
Hockstütz mit Einhängen der Füße an einem Kasten Hinweis: wie vorher	Hockstütz an der Sprossenwand Hinweis: wie vorher
Erleichterter Beugestütz mit abgestimmter Mithilfe eines Beines	Beugestütz am Barren

 Beugestütz an der Kastengasse	 Beugestütz mit Erschwerung
 Klimmziehen im Liegehang mit Griff am Barrenholm	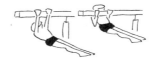 Klimmziehen im Liegehang am Balken
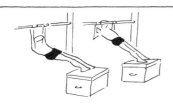 Klimmziehen im Liegehang am Reck	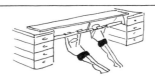 Klimmziehen im Liegehang an der aufgehängten Bank
 Klimmziehen im Liegehang am Barren mit Füßen oder Unterschenkeln auf einer Matte	 Klimmziehen im Liegehang am Barren

Hangeln entlang der Barrengasse

Klimmziehen in der Barrengasse

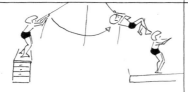
Tauschwingen mit Absprung auf eine Matte

Tauschwingen zwischen zwei Bänken hin und her

Tauschwingen von Kasten zu Kasten

Tauschwingen an zwei Tauen ohne/mit Klimmziehen

Mit zwei Tauen von Kasten zu Kasten (Bank zu Bank)

Tauklettern mit Beinstütz

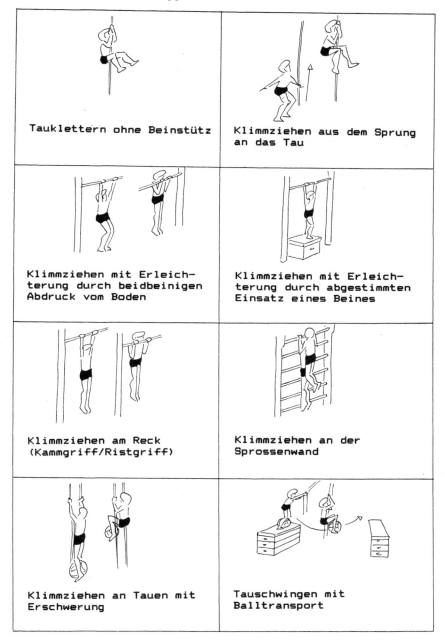

Klimmziehen in den Nacken

Rumpfdrehheben im Sitz mit Medizinball (Sandsack, siehe Anhang)

Rumpfdrehheben mit Medizinball (Sandsack, siehe Anhang)

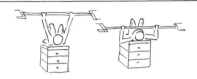

"Bankdrücken" mit einer Reckstange (einem Volley-ballpfosten, zwei zusammen-gebundenen Reckstangen)
Hinweis: Beine angewinkelt

Doppelarmzug im Liegen
Hinweis: Beine angewinkelt

Einarmiger Stoß

Beidarmiges Stoßen von der Brust

Beidarmiger Schockwurf vor dem Körper

Beidarmiger Drehwurf	Einwurf
Beidarmiger Schockwurf	Beidarmiger Überkopfwurf
Einarmiger Stoß im Kniestand	Beidarmiger frontaler Stoß im Kniestand
Beidarmiger frontaler Schockwurf im Kniestand	Einwurf im Kniestand

Beidarmiger Überkopfwurf

Heben der Hüfte im Schulterstütz mit erhöhtem Fußstütz

Heben der Hüfte gegen den abgestimmten Widerstand eines Partners

Heben der Hüfte und eines Beines im Schulterstütz gegen den Widerstand eines Partners

Heben der Hüfte im Stütz rücklings am kleinen Kasten

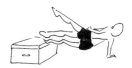

Seitheben der Hüfte und eines Beines im Seitliegestütz mit erhöhtem Fußstütz

Heben der Hüfte aus der Rückenlage gegen den abgestimmten Widerstand eines Partners

Rumpfvorbeugen im Kniestand mit Hilfe eines Partners

Rumpfvorbeugen und -drehen
im Kniestand mit Hilfe
eines Partners

Strecken eines Beines aus
der "Winkellage" am Kasten
Hinweis: - nur bis zur
           Waagerechten
         - Kopf runter

Strecken beider Beine aus
der "Winkellage" am kleinen
Kasten
Hinweis: - nur bis zur
           Waagerechten
         - Kopf runter

Wegstrecken beider Beine
aus der "Winkellage" am
Kasten
Hinweis: - wie oben

Wegstrecken beider Beine
aus der "Winkellage" am
Barren
Hinweis: - wie oben

Wegstrecken beider Beine
aus der "Winkellage" am
Kasten mit Erschwerung
(Medizinball)

Wegstrecken beider Beine
aus der "Winkellage" am
Barren mit Erschwerung
(Medizinball)

Hin und her zwischen zwei
kleinen Kästen in der
Reihenfolge Strecken der
Beine auf den kleinen
Kasten, Anhocken zum großen
Kasten, Strecken zum
anderen Kasten

 Medizinball (Ball) zwischen zwei kleinen Kästen hin- und herheben	 Vorhochheben des Oberkörpers bis zur Höhe eines kleinen Kastens. Fixierung der Beine an einer Sprossenwand
 Aufrichten des Oberkörpers aus der Schräghochlage am Kastenschacht Hinweis: nur bis zur Waagerechten	 Ballheben auf einen kleinen Kasten Hinweis: Der Niveauunterschied der Kästen verhindert das Anheben über die Waagerechte
 Hin und her über einen kleinen Kasten (mit und ohne Ball) Hinweis: wie vorher	 Vorseitheben des Oberkörpers am Kasten mit Hilfe eines Partners
 Vorseitheben des Oberkörpers mit Fixierung der Beine an einer Sprossenwand	 Heben eines Beines in der Seitlage auf einen Kasten gegen den abgestimmten Widerstand eines Partners

Heben eines Beines in der
Seitlage gegen den
abgestimmten Widerstand
eines Partners

Seitheben eines Beines im
Seitstütz gegen den
abgestimmten Widerstand
eines Partners

Grätschsprünge mit
Aufsetzen auf die Bank

Rhythmische Sprungfolge:
Grätschsprünge über die
Länge der Bank

Grätschsprünge mit
Zusammenschlagen der Beine
über der Bank

Rhythmische Sprungfolge:
Grätschsprünge mit
Zusammenschlagen der Beine
über die Länge der Bank

Rythmische Sprungfolge:
Wedelsprünge mit Zwischen-
hupf über die Länge der
Bank

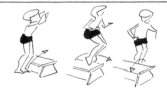

Wedelsprünge an der Bank

 Rhythmische Sprungfolge: Wedelsprünge über die Länge der Bank	 Aufsprünge am kleinen Kasten
 Aufsprünge am großen Kasten	 Schlußsprünge über den kleinen Kasten – hin und zurück
 Schlußsprünge mit Zwischen- hupf an der Mattenbahn	 Schlußsprung an der Mattenbahn Hinweis: Für alle Sprung- folgen werden grundsätzlich Matten ausgelegt
 Schrittsprünge an der Mattenbahn	 Einbeinsprünge an der Mattenbahn

Rhythmische Sprungfolge: mit je zwei Sprüngen auf einem Bein

Rhythmische Sprungfolge: auf und ab mit Zwischenhupf

Rhythmische Sprungfolge: Schlußsprünge mit Zwischenhupf

Rhythmische Sprungfolge: im Wechsel über den kleinen und auf den großen Kasten
Hinweis: nach dem Niedersprung ein Zwischenhupf

Rhythmische Reihe: Schlußsprünge an der Kastenbahn

Rhythmische Reihe: Einbeinige Aufsprünge an wechselnden Höhen

Grätschsprünge zwischen kleinen Kästen mit Zwischenhupf

Rhythmische Reihe: Grätschaufsprünge über die Länge einer Kastengasse

Wechselsprünge am kleinen Kasten

Rhythmische Sprungfolge: Wechselsprünge über die Länge eines Kastensteges

Rhythmische Sprungfolge: Aufsteigesprünge mit Wechsel des Beines

Wechselsprünge an der aufsteigenden Bank

Wechselsprünge an der aufsteigenden Bank

Aufsteigesprünge an der aufsteigenden Bank

Aufsteigen am Kasten mit Partnerhilfe

Aufsteigen am Kasten zu zweit gegenüber

Aufsteigesprünge mit
Zusatzgewicht

Einbeinige Kniebeugen mit
festem Griff

Einbeinige Kniebeuge mit
Stützauflage des anderen
Beines auf einen kleinen
Kasten

Rhythmische Sprungfolge:
Seitwärts die Bank entlang
mit aufgelegtem Fuß

Anheben des Unterschenkels
gegen den abgestimmten
Widerstand eines Partners

Heranziehen des nach hinten
abgespreizten Beines gegen
den Widerstand eines
Partners

Anheben der Unterschenkel
mit Zusatzgewicht im Langhang an der Sprossenwand

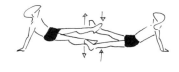
Beineschließen gegen
Beineöffnen im Grätschsitz

Anheben der Unterschenkel
im Sitz mit Zusatzgewicht

Anheben der Unterschenkel
im Sitz gegen den abge-
stimmten Widerstand eines
Partners

Aufrollen des Oberkörpers
(der Brustwirbelsäule) bei
senkrecht aufgelegten
Oberschenkeln
Hinweis: Das Becken bleibt
ganz am Boden

Aufrollen des Oberkörpers
zur Seite des Kastens
Hinweis: wie vorher

Aufrollen des Oberkörpers
in Richtung eines Partners
bei gegenseitigem Senkrecht-
halten der Oberschenkel
Hinweis: wie vorher

Aufrollen des Oberkörpers
gegen die vom Partner
gehaltenen Beine
Hinweis: wie vorher

Aufrollen des Oberkörpers
zur Seite gegen den
Widerstand eines Partners
Hinweis: Das Becken bleibt
am Boden

Seitheben des Oberkörpers
bei an der Sprossenwand
fixierten Beinen

Seitheben des Oberkörpers. Ein Partner fixiert die Beine

Seitvorheben des Oberkörpers. Ein Partner fixiert die Beine.

Seitvorheben des Oberkörpers bei an der Sprossenwand fixierten Beinen

Scheibenwischer mit Griff an der Sprossenwand

Scheibenwischer. Ein Partner fixiert die Schulter.

Anheben der Hüfte aus der Rückenlage mit Griff an der Sprossenwand
Hinweis: Die Knie nähern sich <u>nicht</u> dem Oberkörper

Anheben der Hüfte aus der Rückenlage mit Griff um die Fußgelenke eines Partners
Hinweis: wie vorher

Wechselseitiges Beugen und Strecken der Beine bei angehobener Hüfte

 Wechselseitiges Beugen und Strecken der Beine bei angehobener Hüfte mit Griff um die Fußgelenke eines Partners	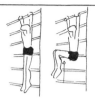 Anheben der angewinkelten Beine aus dem Langhang an der Sprossenwand
 Wechselseitiges Anheben eines Beines im Langhang an der Sprossenwand	 Anheben und Vorstrecken beider Beine im Langhang an der Sprossenwand
 Anheben der gebeugten Beine aus dem Langhang am Reck	Aufrollen am Reck aus dem Hangstand/Langhang
Aufrollen aus dem Hangstand/Langhang an der Sprossenwand	Vorhochheben der gegrätschten Beine aus dem Langhang/ Hangstand an der Sprossenwand

Vorhochheben der gegrätschten Beine aus dem Langhang/Hangstand am Reck

Vorhochheben der gegrätschten Beine aus dem Hangstand am Barren

Seitheben der Beine aus dem Hangstand am Reck

Seitheben der Beine im Hang an zwei Tauen

Seitheben der Beine aus dem Hangstand/Langhang an der Sprossenwand

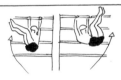

Seithochheben der Beine aus dem Hangstand/Langhang an der Sprossenwand

Hin- und herheben der Beine über ein Hindernis im Hang an der Sprossenwand

Vorhochschwingen der Beine aus dem Stand/Hang in Längsrichtung der Reckstange

Vorhochschwingen der Beine aus dem Stand in Längsrichtung eines Barrenholms

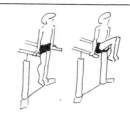

Anhocken der Beine im Stütz am Barren

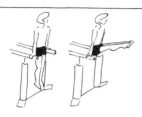

Anheben der gestreckten Beine im Stütz am Barren

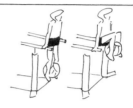

Anhocken der Beine im Stütz am Barren mit Zusatzgewicht

Aufschwingen aus dem Stand in der Kastengasse in den Unterarm-Liegestütz rücklings

Aufschwingen in den Liegestütz rücklings in der Kastengasse

Vorhochschwingen der Beine aus dem Unterarmstütz in der Kastengasse

Vorhochschwingen der Beine gegen einen Weichboden/Wand aus dem Unterarmstütz in der Kastengasse

Vorhochschwingen der Beine aus dem Oberarmhang in der Kastengasse

Vorhochschwingen der Beine gegen einen Weichboden/Wand aus dem Oberarmhang am Barren

Grätschsprünge im Liegestütz rücklings an der Kastengasse

Beinschwünge im Stütz rücklings an der Kastengasse

Einrollen an den Ringen

Einrollen am Barren

Vorhochschwingen am Tau

Vorhochschwingen von Kasten zu Kasten

Vorhochschwingen am Tau mit halber Drehung

Aufrollen an den Tauen

Vorhochheben der Hüfte aus der Rückenlage am schräggestellten Kasten
Hinweis: <u>kein</u> Rückrollen

Vorhochheben der Hüfte aus der Rückenlage am schräggestellten Kasten mit festem Griff am Reck

Vorhochheben der Hüfte aus dem Oberarmstand am Barren

Vorhochheben der Hüfte aus der Rückenlage am schräggestellten Kasten mit festem Griff an der Sprossenwand

Vorhochheben der Beine aus dem Beugehangstand am Barren

Aufstemmen in den Stütz am Reck mit Unterstützung eines Beines

Sprung in den Stütz am Reck

Stützaufstemmen am Reck mit Fußstütz auf einem Kasten

Sprung in den Stütz am Barren

Aufspringen in den Stütz an den Ringen

Klimmziehen im Liegehang am Tau mit Fußstütz auf einem Kasten

Aufziehen in den Stand auf einen Kasten aus dem Liegehang am Tau

Treppauf-treppab im Knieliegestütz mit erhöhtem Kniestütz

Treppauf-treppab im Liegestütz mit erhöhtem Fußstütz

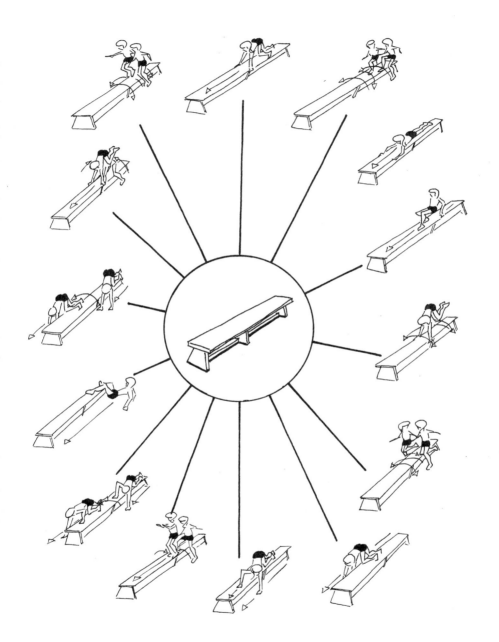

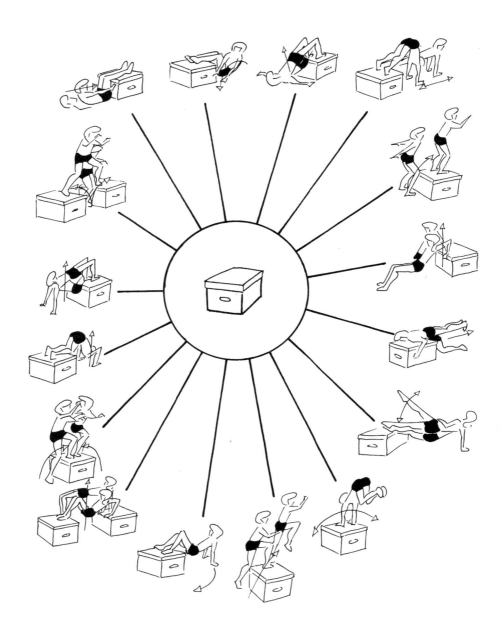

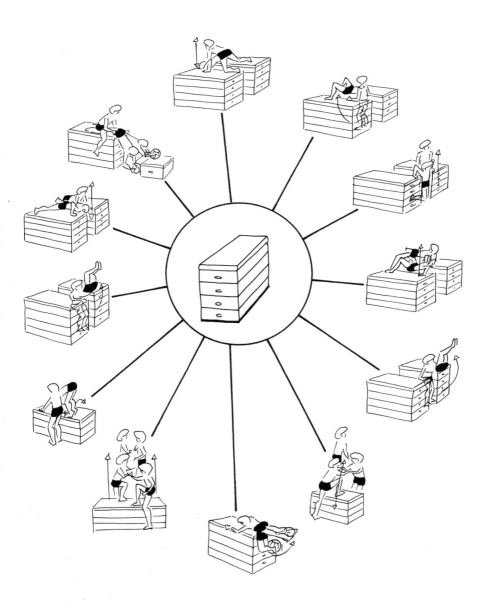

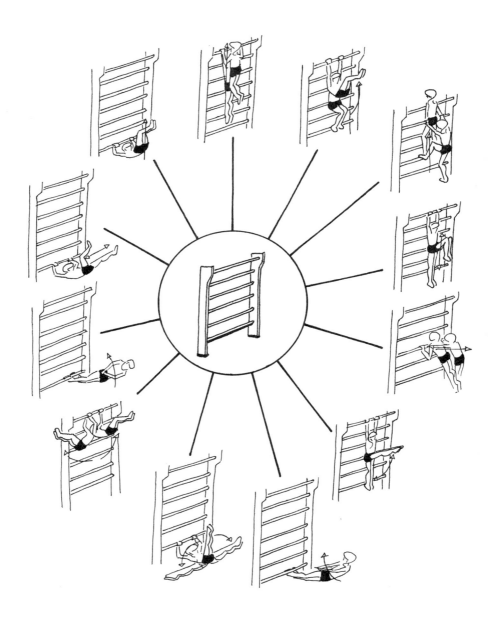

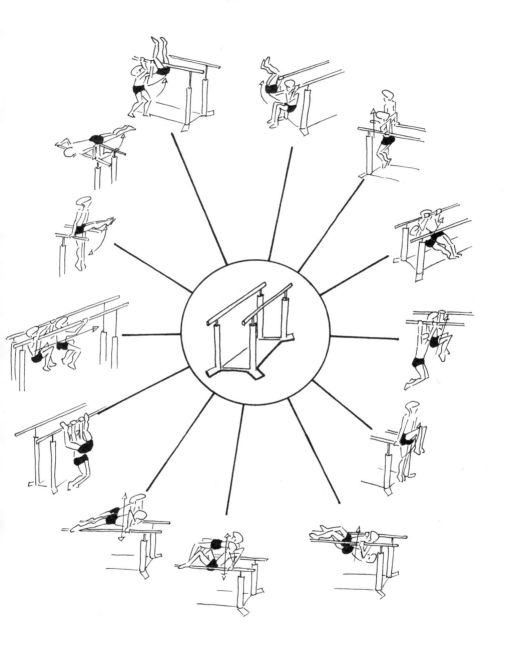

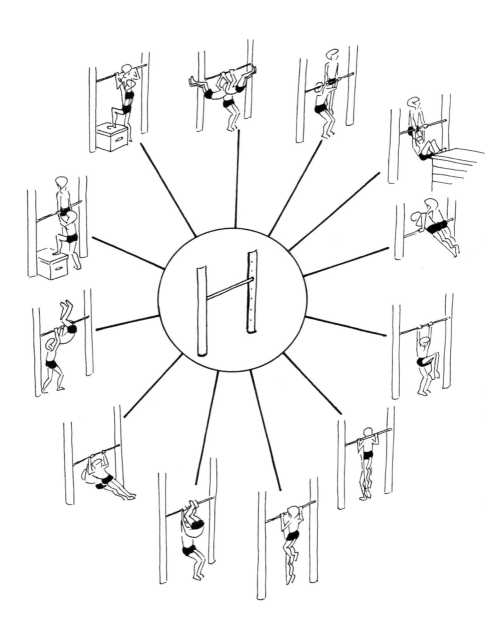

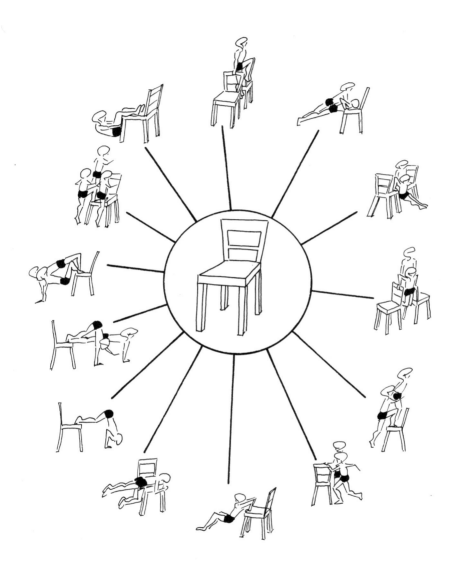

9.12 Stabilisierungsübungen

Stabilisierungsübungen dienen der Aufrechterhaltung und Verbesserung der Körperstatik. Sie sind als Halteübungen Kraftübungen, dienen jedoch in erster Linie der Stabilisierungsfähigkeit des Körpers, um dynamische Kraftbelastungen und Kraftbelastungen mit Zusatzgewichten ohne Substanzverlust ertragen zu können. D.h. durch Stabilisierungsübungen wird die Belastungsverträglichkeit verbessert.

Die zum Teil ungewöhnlichen Positionen verlangen Konsequenz und Genauigkeit bei der Durchführung. Die einzelnen Übungen werden jeweils 10 bis 30 sec mit Körperspannung gehalten. Für die Organisation des Stabilisierungstrainings empfiehlt sich eine Rhythmusvorgabe von Anspannungs- und Entspannungszeit mit Musik.

Aufrollen des Oberkörpers in der Rückenlage mit angezogenen Beinen. Das Becken bleibt am Boden.

Partnerübung: Aufrollen des Oberkörpers. Die Fußsohlen sind aneinandergesetzt und stabilisieren die senkrechten Oberschenkel.

Aufrollen des Oberkörpers zur Seite. Das Becken bleibt am Boden.

Partnerübung: Aufrollen des Oberkörpers zur gleichen Seite mit angehobenem und aneinandergestelltem Bein

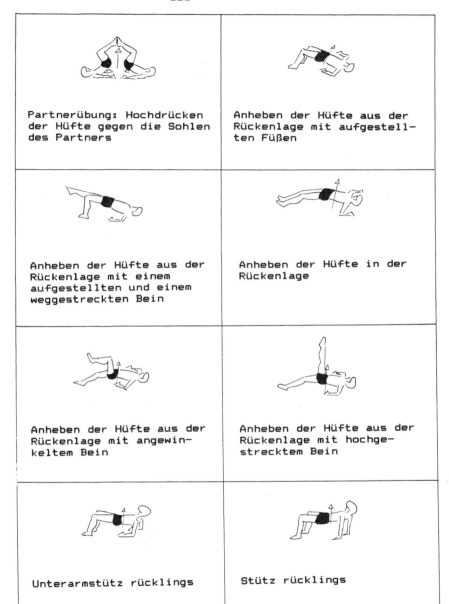

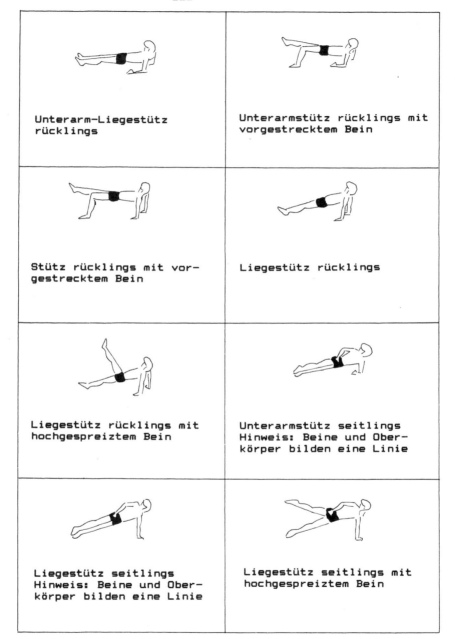

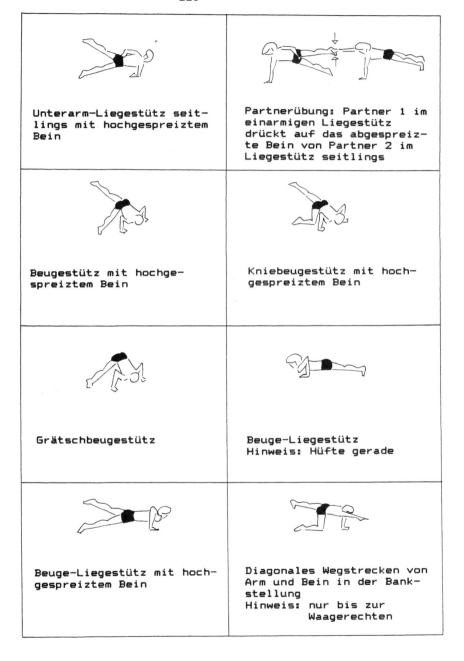

Unterarm-Liegestütz seitlings mit hochgespreiztem Bein	Partnerübung: Partner 1 im einarmigen Liegestütz drückt auf das abgespreizte Bein von Partner 2 im Liegestütz seitlings
Beugestütz mit hochgespreiztem Bein	Kniebeugestütz mit hochgespreiztem Bein
Grätschbeugestütz	Beuge-Liegestütz Hinweis: Hüfte gerade
Beuge-Liegestütz mit hochgespreiztem Bein	Diagonales Wegstrecken von Arm und Bein in der Bankstellung Hinweis: nur bis zur Waagerechten

 Unterarm-Liegestütz Hinweis: Hüfte gerade	 Diagonales Heben von Arm und Bein im Unterarm-Liegestütz
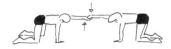 Partnerübung: Partner 1 in Bankstellung senkt den nach vorne gehobenen Arm gegen Partner 2, der in gleicher Stellung den Arm hebt.	 Partnerübung: Partner 1 in Bankstellung mit gehobenem Bein senkt den nach vorne gehobenen Arm gegen Partner 2, der in gleicher Stellung den Arm hebt
 Anheben eines Armes im vorne abgestützten Kniestand	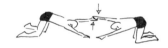 Partnerübung: Partner 1 im vorne abgestütztem Kniestand hebt den Arm gegen Partner 2, der ihn in gleicher Stellung senkt
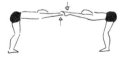 Partnerübung: Partner 1 in Winkelstellung mit vorgehobenen Armen hebt die Arme gegen Partner 2, der sie in gleicher Stellung senkt	 Partnerübung: Partner 1 in Winkelstellung und Armen in U-Halte hebt die Arme gegen Partner 2, der sie in gleicher Stellung senkt

Heben der Arme und Schultern in U-Halte in der Bauchlage
Hinweis: Kopf runter

Partnerübung: Partner 1 in Bauchlage und Armen in U-Halte hebt die Arme und Schultern gegen Partner 2, der sie in gleicher Lage senkt

Anheben von Schultern und Armen und eines Beines in der Bauchlage
Hinweis: Kopf runter

Zurückdrücken von Armen und Schultern in der U-Halte

Partnerübung: In U-Halte die Arme gegeneinander drücken

Partnerübung: Die Partner sitzen Rücken an Rücken und drücken die Arme in U-Halte gegeneinander

Partnerübung: Partner 1, auf einem Bein stehend, hebt den Unterschenkel des freien Beines gegen den von Partner 2, der ihn in gleicher Stellung senkt

Partnerübung: Partner 1 im Grätschsitz schließt die gegrätschten Beine gegen die von Partner 2, der sie in gleicher Stellung öffnet

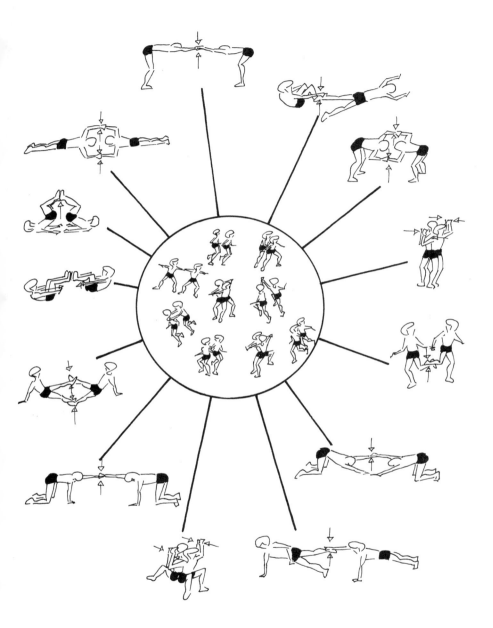

10. Ausdauer

10.1 Grundlagen der Ausdauer

Ausdauer ist definiert als Ermüdungswiderstandsfähigkeit, d.h. als Fähigkeit, eine Ermüdung durch Bewegung lange hinausschieben zu können bzw. eine muskuläre Tätigkeit trotz eintretender Ermüdungserscheinungen aufrechterhalten zu können.

Innerhalb der motorischen Leistungsfaktoren gilt die Ausdauer als gesundheitlich wesentlichster Faktor. Die besondere gesundheitliche Wirkung zielt auf das Herz-Kreislauf-Atmungssystem. Der Ausdauertrainierte zeichnet sich durch eine ökonomische Herz-Kreislauf-Tätigkeit aus. Sein Herz ist größer als normal, die Herzwände sind besser durchblutet, der Puls ist deutlich niedriger, und die Muskulatur wird besser mit Sauerstoff versorgt. Er verfügt über eine erhöhte Vitalkapazität mit einer entsprechenden Atemreserve bei insgesamt langsamerer Atemfrequenz.

Ausdauertraining gilt aus diesem Grunde als das beste Mittel gegen die Bewegungsmangelkrankheiten unserer Zeit, die mit genau den gegenteiligen Symptomen einhergehen: Kreislaufschwäche mit leistungsschwachem "Zivilisationsherz", Mangelkapillarisierung verbunden mit Verletzungsanfälligkeiten im aktiven Bewegungsapparat, Stoffwechselstörungen, fehlende Atemreserve sowie Beeinträchtigungen des vegetativen Nervensystems mit Erscheinungsweisen wie schnelle Ermüdbarkeit, Konzentrations- und Schlafstörungen.

Ausdauer steht für eine Vielzahl von Fähigkeiten. Von den in den Trainingslehren vorgenommenen Systematisierungsmodellen interessiert zur Kenntlichmachung der Probleme des Fitneßbereiches lediglich die Unterscheidung in aerobe und anaerobe Ausdauer.

Eine **aerobe Ausdauerleistung** liegt dann vor, wenn für eine längerdauernde muskuläre Tätigkeit genügend Sauerstoff für die Energiegewinnung zur Verfügung steht, d.h., wenn der Körper nach wenigen Minuten der Belastung ein Gleichgewicht zwischen Sauerstoffaufnahme und Sauerstoffverbrauch hergestellt hat. Es kann jeweils nur soviel Energie aerob bereitgestellt werden, wie Sauerstoff zur Verfügung steht. Ist genügend vorhanden, kann die muskuläre Tätigkeit lange ausgeführt werden.

Ist die Belastung größer, so daß das Sauerstoffangebot im Blut zur Deckung des Energiebedarfs nicht ausreicht, spricht man von **anaerober Ausdauerleistung**. Bei längerdauernder, intensiver dynamischer Belastung müssen die anaeroben Energiebereitstellungsmechanismen aktiviert werden. Der Verbrennungsprozeß zur Energiegewinnung ist nur unvollständig, so daß zunehmend Rückstandsstoffe (Milchsäure) entstehen, die den Körper spürbar ermüden und ihn bei hoher Konzentration zur Einstellung der Muskelfunktion zwingen.

Aerobe und anaerobe Ausdauerfähigkeiten sind deutlich voneinander abgrenzbar, zeichnen sich jedoch durch eine bedeutende Wechselbeziehung aus: Die Entwicklung der aeroben Kapazität ist Voraussetzung und Basis für die Ausbildung der anaeroben. Die Ermüdungswiderstandsfähigkeit gegen anaerobe Belastungen ist desto besser, je vollständiger die aerobe Ausdauerleistungsfähigkeit entwickelt ist.

10.2 Grundlagen des Ausdauertrainings

Unabhängig von speziellen Trainingsmethoden für die besonderen Ausdauerbeanspruchungen verschiedenster Sportarten gilt unser Interesse nur den wichtigsten Grundlagen eines Ausdauertrainings mit dem Ziel, die allgemeine aerobe bzw. die allgemeine anaerobe Kapazität zu verbessern.

Basiselemente des Ausdauertrainings sind Dauermethoden

und Intervallmethoden. Während bei den Dauermethoden eine muskuläre Tätigkeit über eine lange Zeit mit etwa gleicher Belastung ausgeführt wird, wechseln bei den Intervallmethoden Belastung und Erholung miteinander ab.

Schwerpunkte des aeroben Ausdauertrainings sind die Dauermethoden und die extensiven Intervallmethoden, Schwerpunkte des anaeroben Ausdauertrainings die intensiven Intervallmethoden.

Bei der Dauermethode wird mit etwa mittlerer Intensität über einen langen Zeitraum ohne Pause gearbeitet. Ihr Ziel ist die Verbesserung der Grundlagenausdauer. Typische Beispiele sind Dauerlaufen, Radfahren, Schwimmen, Skilanglaufen, Paddeln und Rudern.

Der Unterschied zwischen extensiver (für das aerobe Ausdauertraining) und intensiver Intervallmethode (für das anaerobe Ausdauertraining) liegt vor allem in der Wahl der Belastungsintensität. Beim extensiven Intervalltraining wird durchschnittlich mit einer Intensität von 60 bis 80 %, entsprechend einer Pulsfrequenz von 130 bis 150, belastet, beim intensiven Intervalltraining liegt die Intensität im submaximalen Bereich bei 80 bis 90 %, entsprechend einer Pulsfrequenz von 150 bis 175. Die Pausen zwischen den einzelnen Belastungen sind unvollständig. Ihre Länge wird durch die Pulskontrolle so festgelegt, daß die neue Belastung genau dann beginnt, wenn die Pulsfrequenz etwa bei 120 liegt.

Hinsichtlich der Wechselbeziehung von aerober und anaerober Ausdauerfähigkeit ist von Bedeutung, daß ein intensives Intervalltraining immer erst dann ausgeführt werden sollte, wenn mit Dauermethode oder extensiver Intervallmethode die notwendige Grundlagenausdauer erarbeitet wurde.

10.3 Grundlagen des Ausdauertrainings im Fitneßbereich

Der gesundheitlich wirksame Bereich ist der aerobe, die für das Ausdauertraining im Fitneßbereich bedeutsamen Trainingsmethoden mithin die Dauermethode und die extensive Intervallmethode.

Für die Entwicklung der Grundlagenausdauer durch die Dauermethode eignen sich alle zyklischen Bewegungsabläufe, die mit mittlerer Intensität über eine längere Zeitdauer ohne Pause ausgeführt werden können. Von Bedeutung sind Schwimmen, Radfahren, Skilanglaufen, Rudern, Paddeln und Trablaufen (Jogging).

Am meisten verbreitet ist das Trablaufen. Es ist am leichtesten organisierbar und für jedermann spontan ohne zusätzliche Hilfsmittel durchführbar. Das Trablaufen ist darüber hinaus die sportmedizinisch am besten untersuchte Disziplin, so daß es für jedermann unabhängig von Alter, Geschlecht und Leistungsstand möglich ist, die angemessene Belastung (Lauflänge und -tempo) zu finden. Das Trablaufen bringt allenfalls hin und wieder Probleme im orthopädischen Bereich mit sich, die dann zum Vorziehen von Schwimmen oder Radfahren führen können.

Bedeutende extensive Intervallmethode mit großer Anhängerschaft ist die Aerobic, die genauer als Ausdauergymnastik mit Musik gekennzeichnet werden kann. Der das Wort Aerobic prägende Teil aerob ist als Verpflichtung zu sehen. Die Belastungen sind jeweils so zu wählen, daß sie schwerpunktmäßig im aeroben Bereich liegen, damit aus Aerobic nicht "Anaerobic" wird und damit der gesundheitlich wirksame Bereich verlassen wird.

Die Pausen zwischen den einzelnen Übungen können bei richtiger Dosierung fließend gewählt werden, so daß fast eine der Dauermethode ähnliche kontinuierliche Belastung mit einer Aneinanderreihung verschiedener Übungen entsteht.

10.4 Der aerob-ausdauerwirksame Belastungsbereich

Das vom DSB propagierte Motto "Trimmimg 130" kennzeichnet den für gesundheitliche Wirkungen notwendigen durchschnittlichen Minimalreiz von Ausdauerbelastungen. Das gilt jedoch nur für Erwachsene. Bei ihnen liegt die "aerobe Schwelle", d.h. der extensive leicht überschwellige Bereich aerob-ausdauerwirksamer Belastungsreize, bei etwa 130 bis 140 Schlägen pro Minute. Bei Kindern und Jugendlichen jedoch ist "Trimmming 150" das richtige Motto. Der um etwa 20 Punkte höhere Ruhepuls der Heranwachsenden überträgt sich direkt auf den Minimalreiz ausdauerwirksamer Belastungen. Bei ihnen liegt die "aerobe Schwelle" durchschnittlich bei 150 bis 160 Schlägen pro Minute.

Der Maximalreiz aerob-ausdauerwirksamer Belastung, d.h. die Belastung, von der ab die anaeroben Energiebereitstellungsmechanismen verstärkt einsetzen, wird durch die "anaerobe Schwelle" (vgl. DE MAREES 1984, 91/92) gekennzeichnet. Diese liegt, egal ob Jugendlicher oder Erwachsener, bei Anfängern durchschnittlich bei einer Pulsfrequenz von 180 minus Lebensalter, d.h. bei einem 15jährigen bei etwa 180 minus 15 = 165. Die "anaerobe Schwelle" kann durch Training nach obenhin verschoben werden, was bedeutet, daß dann noch größere Ausdauerbelastungen aerob ertragen werden können. Der Austrainierte kann sich bis zu einer Pulsfrequenz von durchschnittlich 200 minus Lebensalter aerob belasten. Spitzenathleten im Marathonlauf z.B. laufen mit einer durchschnittlichen Pulsfrequenz von 175/min, und ein 15jähriger trainierter Jugendlicher kann lange Läufe bis hin zu einer Pulsfrequenz von etwa 185 absolvieren.

Zur Verbesserung von Kreislaufparametern, für Prävention und Rehabilitation ist ein Training im Bereich der aeroben Schwelle besonders effektiv. Die beste Trainingswirkung hinsichtlich einer Optimierung der Ausdauerleistungsfähigkeit jedoch kann von einem Training im Bereich der anaeroben Schwelle erwartet werden.

Minimalreiz aerob-ausdauerwirksamer
Belastung (aerobe Schwelle)

- bei Erwachsenen etwa 130 - 140

- bei Kindern und Jugendlichen
etwa 150 - 160

Maximalreiz aerob-ausdauerwirksamer
Belastung (aerob-anaerobe Schwelle)

- bei Anfängern etwa
180 minus Lebensalter

- bei Trainierten etwa
200 minus Lebensalter

Wichtige Pulswerte für das Ausdauertraining

10.5 Abhängigkeit von Alter und Geschlecht

Hinsichtlich der Eignung von Kindern und Jugendlichen für Ausdauerbelastungen existieren eine ganze Reihe von Vorurteilen auf fast allen in die Schule hineinwirkenden Seiten. Eltern, Mediziner und sogar Sportlehrer vertreten nicht selten die Meinung, daß derartige Belastungen die Kinder überfordern. So wird es gutgeheißen, wenn die Meterzahl bei längeren Läufen nicht gar so hoch ist, wenn z.B. 800 Meter statt 3000 Meter angeboten werden, als liege in der geringeren Meterzahl die Gewähr für eine geringere Belastung.

Genau das Gegenteil ist der Fall. Kinder und Jugendliche besitzen ausgesprochen gute Voraussetzungen für die aerobe Energiebereitstellung, die bei langen Läufen wirksam wird, dagegen nur geringe für die anaerobe (Mittelstrecken). Dafür lassen sich konkrete physiologische und anatomische Parameter aufführen wie z.B. ein hoher Anteil aerober Enzyme, eine größere Anzahl von Mitochondrien als Ort der aeroben Energiebereitstellung (vgl. KEUL 1982, WEINECK 1983), ein geringes Körpergewicht und, bezogen auf dieses, ein relativ großes Herz. Es gibt weder aus biologischer noch aus medizinischer Sicht Anhaltspunkte für die Notwendigkeit einer Begrenzung von aeroben Ausdauerbelastungen.

Kinder und Jugendliche zeigen prinzipiell die gleichen Anpassungserscheinungen wie Erwachsene, wenn auch nicht in dem Ausmaße. Sie adaptieren mit einer Senkung des Ruhepulses, einer Erhöhung der Vitalkapazität und bei größeren Umfängen und Trainingsbelastungen im Bereich der anaeroben Schwelle mit einer Verbesserung des O_2-Aufnahmevermögens, des O_2-Pulses und einer besseren peripheren O_2-Ausnutzung sowie einer Vergrößerung des Herzvolumens (vgl. FREY 1981, 138).

Auch wenn das Alter, von dem ab mit Anpassungserscheinungen gerechnet werden kann, von dem ab also ein Training als lohnend gelten kann, noch nicht genau bestimmt ist, so ist man sich doch einig, daß das schon in frühen Jahren geschieht. Während die einen von Anpassungserscheinungen schon bei 8- bis 10jährigen Kindern berichten (vgl. VAN AAKEN 1974, LENNARTZ 1979), können andere einen Trainingseffekt bei Kindern bis zum 10. Lebensjahr nicht bestätigen (vgl. SCHMÜCKER/HOLLMANN 1973). Vom 10. Lebensjahr an jedoch und dann später verstärkt während der Pubertät gilt die Anpassungsfähigkeit als gesichert mit einem Höhepunkt im Wachstumsalter von 12 bis 15 Jahren (vgl. FREY 1981). Unterschiede zwischen Jungen und Mädchen sind nicht bekannt.

Im Gegensatz zu den aeroben Möglichkeiten ist die Fähigkeit zur anaeroben Energiebereitstellung deutlich eingeschränkt, weil Kinder und Jugendliche kein nennenswertes O_2-Defizit eingehen können. Anaerobe Belastungen wie Läufe von 800 m, wie sie traditionell angeboten werden, sind schon deshalb wenig sinnvoll, weil sie sich nicht in ein System einordnen lassen, bei dem Üben und Trainieren zu besseren Laufzeiten führen, d.h. von sichtbarem Erfolg gekrönt sind. Denn Kinder und Jugendliche sind auf anaerobe Belastungen nicht trainierbar. Mit Erfolg kann die anaerobe Kapazität erst nach der Geschlechtsreife trainiert werden, bei Mädchen demnach früher als bei Jungen. Für den gesundheitsorientierten Sport hat die anaerobe Ausdauerfähigkeit jedoch nur eine untergeordnete Bedeutung.

10.6 Methodik des Ausdauerlaufes

Ausdauerlaufen ist aus organisatorischen Gründen für den Schulsport eine besonders geeignete Dauermethode zur Vermittlung einer angemessenen aeroben Ausdauerleistungsfähigkeit. Allerdings ist nicht zu erwarten, daß Kinder und Jugendliche auf Anhieb 20, 30 oder gar 40 Minuten ohne Pause laufen (traben) können. Ausdauerlaufen muß wie jede andere sportliche Disziplin methodisch erarbeitet werden, um die physischen, aber auch die psychischen Voraussetzungen, d.h. die Bereitschaft für längere und lange Laufleistungen zu schaffen.

Mit Kindern gelingt das am besten mit Spielformen. Diese sollen hier jedoch nicht Thema sein, da sie an anderer Stelle ausführlich beschrieben sind (vgl. MEDLER 1987). Es geht vielmehr um die Darstellung eines formal-methodischen Vorgehens, das mit Spielformen nur schwer zu realisieren ist.

Bewährt hat sich eine "extensive Intervallmethode" mit einem Wechsel von Trabphasen und Gehpausen, bekannt geworden auch unter der Bezeichnung "Intervalltraben" oder "intervallisierendes Ausdauertraining" (DIEM 1984). Begonnen wird z.B. mit Trabphasen einer Länge von zwei Minuten mit "lohnenden" Gehpausen von jeweils einer Minute.

Abb. 10: Methodische Einführung des Ausdauerlaufens

Zu Beginn des Trainings liegt der Gesamtumfang z.B. bei 20 Minuten. Durch seine Steigerung und eine allmähliche Verlängerung der Trabphasen bei weiterhin konstanten Pausen von nur einer Minute wird die Ausdauerleistungsfähigkeit Schritt für Schritt verbessert.

Die Trabphasen sind zu Beginn des Trainings bewußt so kurz gewählt, weil Untrainierte relativ schnell mit einer Erhöhung des Laktatspiegels im Blut reagieren. Die damit verbundene Laufbeschwernis soll bei Anfängern gar nicht erst aufkommen. Sie sollen im Gegenteil das Gefühl der Leichtigkeit haben. Auch die Wahl der Pausenlängen von nur einer Minute erfolgt bewußt so kurz, damit die Kreislaufaktivitäten auf einer Höhe gehalten werden, von der aus nicht bei jeder weiteren Trabphase alle Energiebereitstellungsmechanismen wieder neu aktiviert werden müssen.

Eine günstige Motivation für das Ausdauerlaufen kann dadurch erreicht werden, daß man die vom Deutschen Leichtathletik Verband (DLV) herausgegebenen Laufabzeichen als Trainingsziele setzt. Die erste Stufe ist erreicht, wenn die Übenden in der Lage sind, 15 Minuten ohne Pause zu traben, die zweite Stufe bei 30 Minuten usw. Der in Schleswig-Holstein ausgeschriebene Laufabzeichen-Wettbewerb für Schulen kann eine große Hilfe sein für ein regelmäßiges Training der Schüler auch außerhalb der Schule. Denn eine für die Gesundheit optimale Trainingsempfehlung liegt bei dreimal pro Woche je 30 bis 40 Minuten aerober Ausdauerbelastung, und die ist durch Schulsport allein nicht leistbar.

10.7 Aerobic - Ausdauergymnastik mit Musik

Ausdauergymnastik mit Musik ist eine Mischform aus Dauermethode mit verschiedenen zyklischen Anteilen und extensiver Intervallmethode. Die einzelnen Übungen und Belastungsabschnitte sind in ihrer Intensität nicht so genau zu bestimmen wie beim Ausdauerlaufen. Auf eine nur mittlere Belastungsstärke muß jedoch unbedingt geachtet werden, damit vorherrschend die aeroben und nicht so sehr die anaeroben Energiebereitstellungsmechanismen angesprochen werden, damit aus Aerobic nicht "Anaerobic" wird. Die zwischen den Belastungsintervallen notwendigen Pausen werden mit Hilfe von beruhigenden Bewegungsteilen in das Programm eingearbeitet, so daß direkte Pausen gar nicht entstehen.

Der besondere Reiz der Aerobic liegt in der rhythmischen Bewegungsausführung nach Musik. In den Sportvereinen sind die Aerobicabteilungen oft übervoll, und so mancher ist durch die Zugkraft der Pop-Musik erstmalig oder nach längerer Abstinenz wieder zum Sport gekommen. Auffallend ist jedoch die geringe Beteiligung von Männern an diesen Veranstaltungen. Daß Bewegung nach Musik für Männer ungewohnt ist, liegt an ihrer sportlichen Genese. Der Schulsport kann eine ganze Menge zur Verbesserung der Situation beitragen, denn auch die Jungen mögen Pop-, Rock- und Beatmusik. Anfängliche Berührungsängste werden erfahrungsgemäß schnell abgelegt, wenn man erst einmal mitgemacht hat.

Ausdauergymnastik nach Musik ist ein abwechslungsreiches Ausdauerprogramm mit einfachen, für jedermann zu realisierenden Körperübungen. In ihrer Einfachheit ist sie vor allem auch für die sportlich nicht so Begabten ein gutes präventives Fitneßprogramm und mit einer Langzeitwirkung über die Schulzeit hinaus ein echter Lifetime-Sport. Dabei kommt es lediglich darauf an, ein außerschulisches Angebot (z.B. im Sportverein) später als etwas Vertrautes zu erkennen.

Einfachheit ist vor allem eine Forderung an die Gestaltung des Programms. Die richtige Bewegungsfreude kommt nur dann auf, wenn man nicht überfordert ist. Schwierige koordinative Teile sind nur etwas für erfahrene Gruppen, auf keinen Fall die richtige Wahl für Anfänger, insbesondere für Jungen und für den koedukativen Unterricht. Bewegungsüberforderungen verhindern ein Versenken in den Rhythmus der Musik und schrecken ab. Kriterien der Auswahl sind nicht Ästhetik und koordinativer Anspruch, sondern

Einfachheit, Zweckmäßigkeit und Funktionalität.
Die Bewegungsanforderungen können ohne weiteres an den nicht so begabten Schülern orientiert werden. Ein entsprechendes Musikangebot schafft den ausgleichenden Anreiz. Die Musik schließt die Bewegung auf, Bewegungsabläufe werden durch sie schneller gelernt, und die mit den Bewegungen verbundenen körperlichen Belastungen werden durch sie nicht so stark empfunden. Die Leistungsfähigkeit wird herausgefordert, die Trainingsbelastung aber auch reguliert, da der vorgegebene Rhythmus nur ein bestimmtes Bewegungsmaß zuläßt.
Die Erkenntnisse der funktionellen Anatomie gelten auch für Aerobicprogramme. Auf bewußt gewählte akzentuierte rhythmische Musik darf nicht mit ruckhaften Bewegungen geantwortet werden. Das zum Schwingen, Federn und Wippen herausgeforderte Bewegungsverhalten muß in den Ausschlägen kontrolliert, geführt, zurücknehmend und fließend sein.

10.7.1 Aufbau eines Aerobicprogramms

Ein gutes Aerobicprogramm besteht aus einem sinnvollen Wechsel von temporeichen, belastenden, lockernden, dehnenden und entspannenden Abschnitten. Für seine Durchführung gelten die Grundsätze aller Bewegungsprogramme: Am Beginn steht das Aufwärmen, es folgen Hauptteil und Schlußteil.
Ziel des Aufwärmens ist die Aktivierung von Kreislauf, Atmung, Stoffwechsel und Energiebereitstellungsmechanismen sowie die Mobilisation des Bewegungsapparates. Im Hauptteil werden neben der Ausdauer, die durch eine angemessen hohe Wiederholungszahl der einzelnen Übungen sowie die Gesamtbelastung erreicht wird, je nach Schwerpunktsetzung die Kraft, die Beweglichkeit und auch die koordinativen Fähigkeiten angesprochen. Der Schlußteil dient der Be-

ruhigung und Entspannung (Cool-Down).

Die **Aufwärmphase** ist durch langsam ansteigende Kreislaufbelastung sowie durch Lockern, Dehnen und Kräftigen des Bewegungsapparates gekennzeichnet. Eine ganze Reihe dieser Aufgaben kann durch Laufübungen (Traben) und eingestreute Lockerungs-, Dehnungs- und Koordinationsübungen erfüllt werden. Das Laufen auf der Stelle eignet sich dafür zu Beginn des Programms weniger gut, weil es die Fußgelenke und die Wadenmuskulatur eher verspannt als lockert. Besonders ausgesuchte Übungen im Gehen und im Stand vervollkommnen das Aufwärmprogramm.

Der **Hauptteil** gliedert sich im allgemeinen in zwei Teile, zwischen welche eine Regenerationsphase zur Entspannung und Lockerung eingeschoben wird. Im ersten Teil erfolgt eine Ausdauerbelastung durch Ganzkörperübungen am Ort oder in der Bewegung. Laufübungen, Sprungübungen und rhythmische Koordinationsübungen stehen im Mittelpunkt. Im zweiten Teil folgen dann Übungen, die schwerpunktmäßig die Beweglichkeit und die Kraft schulen. Für diese Art der Kraftbelastung wurde der Begriff "Ausdauerkraft" geprägt, worunter im Gegensatz zur "Kraftausdauer", bei der schwerpunktmäßig die anaeroben Energiebereitstellungsmechanismen beansprucht werden, Kraftbelastungen unter aeroben Bedingungen gemeint sind (vgl. FREY 1981, 197 ff.).

Neben Ganzkörperübungen mit dem Einsatz großer Muskelgruppen zur Verbesserung der allgemeinen Grundkraft und Sprungkraftbeanspruchungen gilt das Hauptaugenmerk der Rumpfkraft, insbesondere der Bauch-, Rücken- und Flankenmuskulatur. Die Belastung erfolgt nach dem Prinzip der wechselnden Beanspruchung der einzelnen Muskelgruppen.

Dehnübungen innerhalb des Aerobicprogramms sind der Musik entsprechende rhythmische Übungen mit Wippen, Federn und Schwingen. Dabei ist bei den Bewegungsausführungen ganz besonders darauf zu achten, daß extreme Ausführungen des schwunghaften Wippens vermieden werden.

Der **Schlußteil** dient der aktiven Entspannung (Cool-Down). Durch Lockerungs- und Entspannungsübungen werden sowohl die körperlichen als auch die psychischen Funktionen angesprochen.

Der folgende Vorschlag eines Übungsprogramms bezieht sich auf eine Schulsportstunde mit einer zur Verfügung stehenden Zeit von 40 Minuten.

Zeit (in Minuten)	Inhalte
5	**Aufwärmphase** Traben und Gehen mit Koordinationsaufgaben Dehnungs- und Lockerungsübungen
13	**1. Belastungsphase** Sprungübungen am Ort und in der Vorwärtsbewegung Ganzkörperübungen
2	Entspannungs- und Erholungsphase
15	**2. Belastungsphase** Dehnungsübungen Kräftigungsübungen
5	**Aktive Entspannungsphase** Lockerungsübungen Entspannungsübungen

10.7.2 Auswahl der Musik

Entscheidendes Kriterium für die Wirksamkeit des Programms ist die Auswahl der Musik. Das rhythmische Empfinden wird besonders dann angesprochen, wenn die Musik eine betonte Akzentuierung und eine einfache Struktur aufweist. Das gilt besonders für den Laien und den weniger Begabten, für den die Musik so ausgewählt werden muß, daß sie den Grundrhythmus der Bewegung unterstützt. In dieser Verbindung liegt die wesentliche Voraussetzung für die Entwicklung eines Rhythmusgefühls.

Nicht nur, aber vor allem für Jugendliche ist die Auswahl von Pop-Musik unerläßlich. Das bedeutet, daß das Musikprogramm öfter erneuert werden muß. Mit den aktuellen Hits wird die Motivation der Mädchen und Jungen am besten erreicht.

Der Rhythmus der Musik ist ihr motorisches Element. Es gibt Musik, die beruhigt, und solche, die aktiviert und antreibt. Musik kann Bewegung strukturieren, rhythmisieren und akzentuieren. Für jeden Teil des Programms kann entsprechend der Zielsetzung die geeignete Musik gewählt werden.

Musik für den erwärmenden, aufschließenden Teil ist aufmunternd und fröhlich, deutlich akzentuierte und stark betonte Stücke sind für den Kräftigungs- und Dehnungsteil angemessen, und für die Entspannung und Lockerung sowie die "Cool-Down"-Phase empfiehlt sich ruhige, tragende Musik.

Die Auswahl der Musik kann durch Probieren erfolgen, günstiger ist jedoch das Auszählen der Takte pro Minute. Laufmusik hat etwa 160 Takte pro Minute. Das entspricht der mittleren Schrittzahl pro Minute beim normalen Trablaufen. Bei Kindern kann ihre Anzahl sogar noch ein bißchen höher sein, um der schnelleren Schrittfrequenz Rechnung zu tragen.

Für die betont rhythmische Arbeit im Hauptteil sowie für Übungen im Gehen und Springen eignet sich eine Taktzahl von 120 bis 100 pro Minute besonders gut, während der Grundrhythmus für die beruhigenden Teile von untergeordneter Bedeutung ist.

10.8 Übungsformen für die Ausdauergymnastik

Die folgenden Übungen sind ganz grob nach den Schwerpunkten Bewegungsausführungen im Traben, in der Vorwärtsbewegung im Gehen und Springen, im Stand, im Springen am Ort und am Boden geordnet.

Die dargestellten Übungsformen eignen sich sowohl für Ausdauerprogramme als auch für das Aufwärmen. Der Unterschied liegt allein in der zeitlichen Dimension.

Die Zusammenstellung von Ausdauerprogrammen bedarf der gezielten Auswahl von Übungsformen nach den dargestellten Grundsätzen, wobei insbesondere die Lockerungs- und Entspannungsübungen den Bewegungsausführungen im Stand entnommen werden können.

Den Abschluß bildet mit der Skigymnastik ein Thema, für das bei Aussicht auf eine baldige Skifahrt stets eine große Motivation vorhanden ist. Um die Nähe für die Praxis am Skihang zu erzeugen, haben wir zwei Trainingsbeispiele in Geschichten "verpackt", die den Tagesablauf eines Skitages beschreiben. Bewußt wurden auch hier zur Vermeidung von Einseitigkeiten Rumpfkraftübungen ins Programm aufgenommen.

Lockeres Laufen (Traben). Abrollen über den Außen- und Vorderfuß, nicht über die Ferse

Rückwärts laufen

Seitlauf mit Kreuzen nur vor dem Stützbein. Geringer oder ganz betonter Kniehub.

Seitlauf mit Kreuzen vor und hinter dem Stützbein. Geringer oder ganz betonter Kniehub.

Laufen mit Armkreisen vorwärts, rückwärts, rechts, links

Laufen mit Mühlkreisen vorwärts, rückwärts

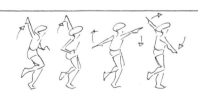

Laufen mit variabler Armarbeit bei jedem/ jedem 2./ jedem 4. Schritt

Laufen mit Beugen und Strecken eines Armes/beider Arme zur Hochhalte

Laufen mit wechselseitigem "Auskicken" eines Beines

Kniehebelauf seitwärts

Laufen mit Rückheben der gestreckten Beine

Laufen mit Vorheben der gestreckten Beine

Laufen mit abwechselndem Vor- und Rückheben der gestreckten Beine

Pendellauf mit Seitspreizen der Beine

Pendellauf mit Vor- und Rückspreizen der Beine

Schaukelsprünge von einem Bein auf das andere

Hopserlauf mit Doppel-armkreis	Hopserlauf seitwärts
Gehen auf den Fersen	Gehen auf den Fußballen
Gehen auf den Innen- und Außenseiten der Füße	Gehen auf den Fußballen mit wechselseitigem Hochgreifen
Gehen auf den Fußballen mit nach oben gestreckten Armen	Gehen mit wechselseitigem Knieheben

Gehen mit wechselseitigem Hochspreizen eines Beines über die klatschenden Hände

Gehen mit wechselseitigem Hochspreizen eines Beines und beider Arme

Gehen mit Knieheben und Rumpfdrehen zur Seite des angehobenen Beines bei jedem 3.Schritt/ bei jedem Schritt

Gehen mit Vor- und Seitrückführen der gestreckten Arme

Gehen mit Beugen und Hochstrecken beider Arme/ links und rechts abwechselnd

Gehen mit beidarmig unterstütztem Körperschwung abwärts nach hinten und vorwärts aufwärts in den Ballenstand

Gehen mit Schulterrollen vorwärts und rückwärts bei leicht gebeugten und seitlich abgespreizten Armen

Gehen mit Schulterkreisen vorwärts/ rückwärts/ wechselseitig

Seitgrätschhüpfen
(Seitchassee)

Seitgrätschhüpfen mit Armschwung

Seitgrätschhüpfen mit Armkreisen vor dem Körper

Grätschsprünge mit Einwärtsdrehen der Füße in der Vorwärtsbewegung (Pflugsprünge)

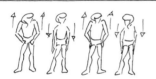

Schulterheben und -senken
- auch einseitig links
  und rechts

Schulterkreisen vorwärts/rückwärts

Seitbeugen mit und ohne Nachfedern

Seitbeuge mit Armschwung über dem Kopf

Seitbeugen mit Armen in Hochhalte

Wechsel von Winkelstand und aufrechtem Stand mit Armen in Hochhalte

Wechsel von Doppelarm-
kreisen vorwärts und
Körpervorbeuge
Hinweis: leicht gebeugte
Beine

Wechsel von Rückschwingen der Arme in den Ballenstand und Vorhochschwingen eines Beines mit Klatschen

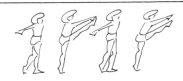

Diagonales Vorhoch-Rück-
schwingen beider Arme
Hinweis: geführte
Bewegungsausführung

Lockeres Vorhochschwingen der Beine

Wechsel von Hochhalte und diagonalem Zusammenführen von Ellenbogen und Knie

Wechsel von diagonalem Vorhochschwingen des gebeugten
und gestreckten Beines jeweils aus der Hochhalte

Wechsel von Hochhalte und Zusammenführen von Ellenbogen und Knie

Seitbeugen mit Armschwung über den Kopf

Über die Seitbeuge und die Seittiefbeuge aufrichten in die Hochhalte
(nach rechts und links)

Doppelarmschwung aus und in den Winkelstand mit leichtem Kniewippen

Doppelarmkreis vor dem Körper mit leichtem Kniewippen

Heben und Senken aus dem Fußgelenk mit festgestelltem Kniegelenk

Vor- und Rückdrehen der Unterarme mit seitlich fixierten Oberarmen

Beidarmiger Pendelschwung vor dem Körper

- 154 -

Wechsel von Rumpfbeuge und Grätschstand mit Armen in Hochhalte

Wechsel von Seit-Winkelstellung und Grätschstand mit Armen in Hochhalte

Wechsel von Rumpfvorbeuge rechts, Mitte, links und Hochhalte bei gegrätschten und bei den Rumpfbeugen leicht gebeugten Beinen

Wechsel von Grätschstand und Rumpfseitvorbeuge mit leicht gebeugten Beinen

Aus der Hochhalte über die Seithalte in den Winkelstand und über die Seithalte zur anderen Seite wieder zurück

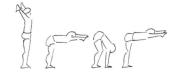

Aus der Hochhalte über den Winkelstand in die Rumpfvorbeuge und über den Winkelstand wieder zurück

Wechsel von Winkelstand und Hochhalte

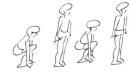

Wechsel von Kniebeugen und Aufrichten in den Stand

Rumpfseitvorbeuge im Wechsel zum linken und rechten Bein Hinweis: geführte Bewegung bei leicht gebeugten Beinen	Kreuz- und Seitschwingen der Arme im Winkelstand mit leichtem Kniewippen
Wechsel von Rumpfrückbeuge und Rumpfvorbeuge durch die gebeugt gegrätschten Beine	Wechsel von Winkelstand und Rumpfvorbeuge durch die gebeugt gegrätschten Beine
Seitdrehen mit Armschwung aus der Rumpfvorbeuge	Wechsel von Rumpftiefbeuge und Winkelstand
Wechselseitiges Rückvorschwingen eines Armes in der Winkelstellung mit Vorhalte	Diagonalschwung mit leichter Beinwippe

Wechselseitiger Kraularmzug in der Winkelstellung mit Vorhalte	Kraularmzug in der Winkelstellung
Wechselseitiger Ausfallschritt aus dem Stand	Wechselseitiger Ausfallschritt aus der Hochhalte
Aus der Seitgrätschstellung Abknien nach links und rechts im Wechsel	Wechselseitiger Ausfallschritt mit diagonalem Armschwung aus der Hochhalte
Absenken in den seitlichen Ausfallschritt nach links und rechts und über den Hockstand zurück in den Stand	Wechselspringen im Ausfallschritt seitlings mit Bodenstütz

Aus dem Ausfallschritt mit Stütz am Boden über die Standwaage in den Stand	Ganzkörperschwung
Ganzkörperschwung mit leichtem Abheben vom Boden beim Rückschwung der Arme	Armkreisen vor dem Körper mit leichter Beinwippe
Schaukelsprünge mit Seitspreizen der Beine	Grätschhüpfen
Schlußsprünge mit viertel Drehungen	Wechsel von Schluß- und Grätschsprüngen mit viertel Drehungen

Schlußhüpfen mit deutlichem Anziehen der Knie bei jedem/ jedem zweiten/ jedem dritten Sprung	Wechselseitiges Vorseitstellen eines Beines mit Absprung auf beide Beine
Schlußhüpfen mit Kreuzen der Beine	"Hampelmann"
Kick-Hüpfen aus der Schlußstellung	Wechselseitiges Kickhüpfen aus der Schlußstellung auch: Rock'n'Roll-Rhythmus
Schlußhüpfen mit Anziehen eines Oberschenkels vorn und an der Seite	Schlußhüpfen und Vorhochschwingen eines Beines

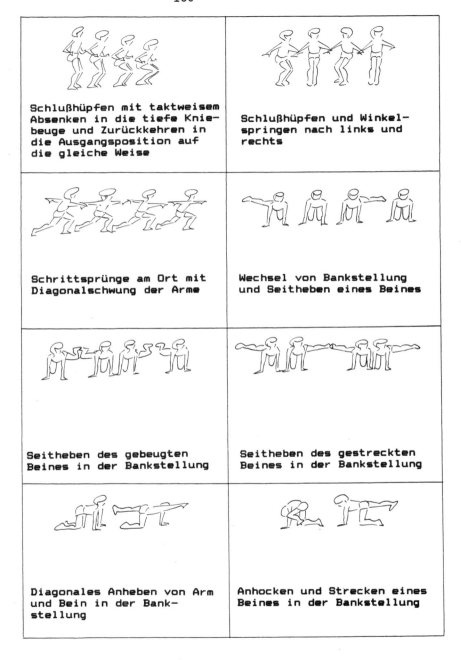

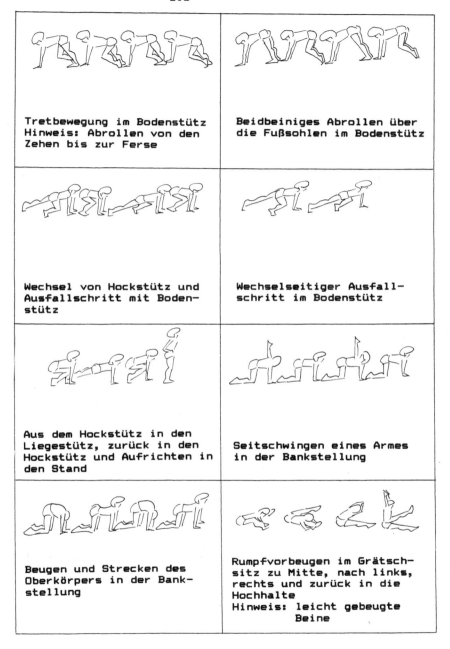

Tretbewegung im Bodenstütz Hinweis: Abrollen von den Zehen bis zur Ferse	Beidbeiniges Abrollen über die Fußsohlen im Bodenstütz
Wechsel von Hockstütz und Ausfallschritt mit Bodenstütz	Wechselseitiger Ausfallschritt im Bodenstütz
Aus dem Hockstütz in den Liegestütz, zurück in den Hockstütz und Aufrichten in den Stand	Seitschwingen eines Armes in der Bankstellung
Beugen und Strecken des Oberkörpers in der Bankstellung	Rumpfvorbeugen im Grätschsitz zu Mitte, nach links, rechts und zurück in die Hochhalte Hinweis: leicht gebeugte Beine

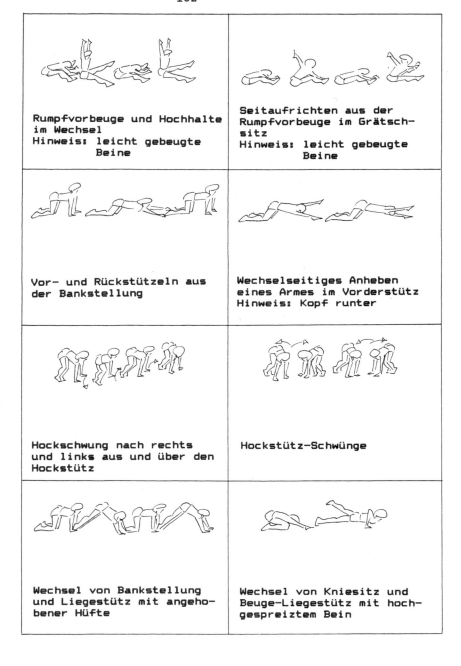

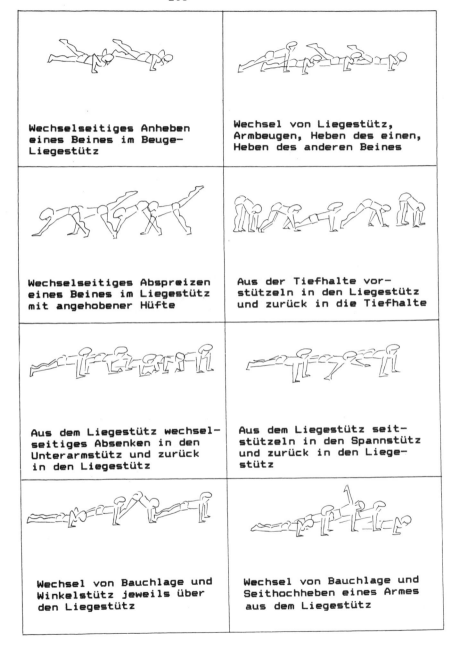

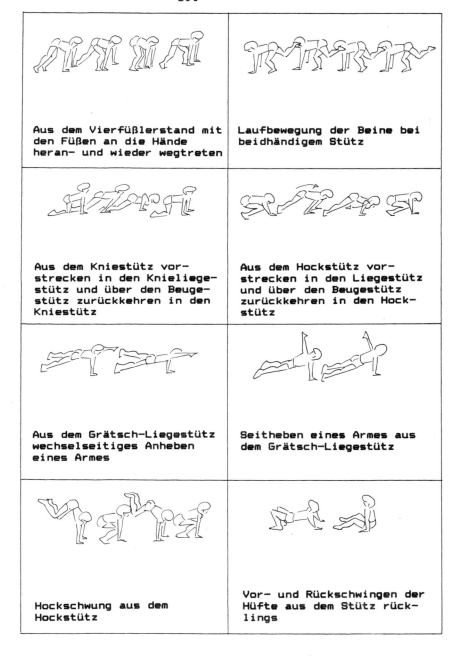

Nachstellsprünge hin und her im Liegestütz rücklings	Wechselseitiges Heben eines Armes im Stütz rücklings
Wechselseitiges Anheben eines Beines im Stütz rücklings	Wechselseitiges diagonales Anheben von Arm und Bein im Stütz rücklings
Anheben der Hüfte aus dem Sitz in den einarmigen Stütz rücklings	Wechselseitiges Drehen der Hände im Stütz rücklings
Krebsgang im Kreis herum	Wechselseitiges Seithochschieben der Hüfte im Stütz rücklings

Wechselseitiges Heben der Beine in der Rückenlage mit Umfassen der Oberschenkel	Beugen und Strecken des in Rückenlage hochgespreizten Beines
Heben und Seitlegen eines Beines in der Rückenlage	Seitlegen der angewinkelten Beine in der Rückenlage
Seitlegen der gestreckten Beine in der Rückenlage	Anheben in den Liegestütz rücklings aus dem Strecksitz
Aus dem Strecksitz in den Liegestütz rücklings mit angehobenem Bein	Wechsel von Seitrückbeugen und Vorbeugen im Grätschsitz

Seitdrehen der Knie im Sitz mit Unterarmstütz	Anziehen und Hochstrecken eines Beines in Seitlage
Wechsel von Kniesitz und Hochhalte im Kniestand	Diagonales Anheben von Arm und Bein in der Bauchlage
Anheben der Hüfte aus der Rückenlage mit angezogenen Beinen	Anheben der Hüfte und eines Beines aus der Rückenlage mit angezogenen Beinen
Seitheben der Hüfte aus der Rückenlage	Aufrollen und Senken des Oberkörpers in Rückenlage mit angezogenen Beinen Hinweis: Hüfte bleibt am Boden

Seitaufrollen und Senken des Oberkörpers in Rückenlage mit angezogenen Beinen Hinweis: Hüfte bleibt am Boden	Aufrollen und Senken des Oberkörpers in Rückenlage mit hochgespreiztem Bein
Seitaufrollen mit Ellenbogen zum Knie des senkrecht gestellten Beines	Wechsel von Aufrollen und Seitaufrollen
Wechselseitiges Seitaufrollen mit Ellenbogen zum senkrecht aufgestellten Bein	Wechselseitiges Seitaufrollen mit Ellenbogen zu den im rechten Winkel gehaltenen Beinen
Seitaufrollen des Oberkörpers in der Seitlage	Seitaufrollen des Oberkörpers in der Seitlage mit gestreckten Beinen

Hochdrücken der Hüfte aus der Rückenlage (kein Rückrollen)	Beugen und Strecken der Beine im abgestützten Schwebesitz
Ruderbewegung im Schwebesitz	Beinschwünge nach rechts und links im Schwebesitz
Heben und Senken eines Beines im Liegestütz rücklings	Heben eines Beines im seitlichen Unterarmstütz
Heben und Senken eines Beines im Liegestütz seitlings	Heben und Senken eines Beines im Unterarm-Liegestütz Hinweis: Kontrolliert-dynamische Ausführung

Skigymnastik: Ein ganz normaler Skitag

	Auf geht's zum Lift !
	Bevor es losgeht, werden Skistiefel und Bindung klargemacht.
	Behutsam anfangen mit Pflugbögen
	Mit Bergstemmen setzen wir die Fahrt fort.
	Falsch belastet, und schon geht es in den Schnee. Da müssen die Ski erst einmal wieder sortiert werden.
	Mit Umsteigeschwüngen geht es mutig weiter.
	Schnell sind wir warm und probieren das Sprungwedeln.

	Hat schon geklappt, aber dann war es doch zu steil. Das Aufstehen ist mühsam.
	Im Flachstück geht's mit Doppelstockschub voran...
	...und dann rasant im Langlaufstil.
	Auf dem "Genußhang" geht es weiter mit herrlichen Wedelschwüngen.
	Und hinein in die Buckelpiste mit Ausgleichsschwüngen
	Da hat's uns ordentlich hingeschmissen. Mal sehen, ob noch alles in Ordnung ist.
	Ein seichter Hang lädt zum Trickskifahren ein.
	Wir sind im Tiefschnee gelandet und müssen Stöcke und Ski herausziehen.

	Der Schwung ist weg. Mit Schlittschuhschritt geht's leicht bergauf zum nächsten Hang.
	Nur einmal die Ski übereinander und schon liegen wir wieder im Schnee.
	Noch einmal ganz besonders schön fahren.
	Wir werden müde, und das Aufstehen ist auch nicht mehr so einfach.
	Mit Schuß geht's nach Hause.
	Und abends in die Disco.

Skigymnastik: Ein anstrengender Skitag

	Wir begrüßen die Liftboys.

	Bevor wir beginnen, machen wir uns ordentlich warm.
	Wir beginnen mit leichten Pflugsprüngen.
	Mit Pflugbögen geht es weiter.
	Einmal die Ski übereinander und schon liegen wir im Schnee.
	Den Superhang fahren wir mit Umsteigeschwüngen.
	Auf die Nase gefallen.
	Elegant geht's weiter mit Parallelschwüngen.
	Mit deutlichem Stockeinsatz in steilem Gelände.

	Ein toller Hang verführt zum mutigen Trickskilauf (Fuzzyschwünge).
	Da ist das Hinfallen eingeplant. Wo ist die Skibrille?
	Wir bauen uns eine Sprungschanze...
	...und landen im Tiefschnee.
	Am Schräghang ist die Belastung sehr einseitig.
	Das Hinfallen ist fast eine Erholung.
	Ein Tiefschneehang lädt ein zu genüßlichen Schwüngen...
	...und zum genüßlichen Fallen.

 Ein letzter Schußhang ab nach Hause.

Anhang

Bau von Krafttrainingsgeräten

1. Sandsack

Wir besorgen uns einen ausgedienten Autoschlauch, schneiden das Ventil heraus und den Schlauch an dieser Stelle auseinander. Jetzt füllen wir den Schlauch mit Sand und binden die Enden zu stabilen Griffen zusammen (**gut verschnüren!**). Je nach Stärke des Schlauches und der Sandfüllung erhalten wir Gewichte von 20 bis hin zu 40 kg. Sie sind aufgrund ihrer Weichheit und Flexibilität sehr variabel einsetzbar. Ein paar wichtige Übungen fügen wir kommentarlos an.

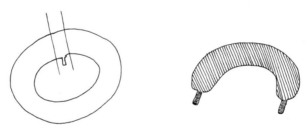

2. Handgewichte (Heavy Hands)

Wir nehmen die ausgedienten Plastikflaschen von Waschmitteln, die in jedem Haushalt vorhanden sind. Es gibt sie mit und ohne Griff. Mit Sand gefüllt erhalten wir variable Handgewichte von 1 bis zu 5 kg je Flasche. Die wichtigsten Übungen sind wieder kommentarlos angefügt.

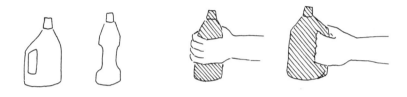

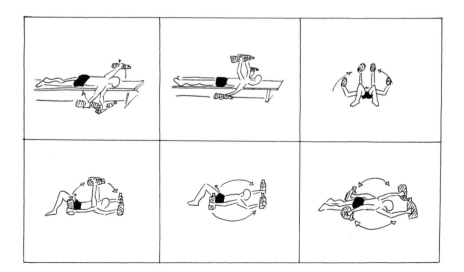

Literaturverzeichnis

AAKEN VAN, E.: Dauerbewegung als Voraussetzung der Gesundheit. Düsseldorf 1974

ANDERSON, B.: Stretching. Waldeck-Dehringhausen 1983

DAMM, F.: "Gesundheitserziehung in der Schule, insbesondere im Schulsport". In: Dokumentation: Sport und Gesundheit. Gesundheitserziehung im Kindes- und Jugendalter. Ludwigsburg 1987, 43-52

DASSEL, H./ HAAG,H.: Circuit-Training in der Schule. Schorndorf 1975

DSB: Trimm-Trab - Das neue Laufen ohne zu schnaufen. Frankfurt 1974

DSB: Ein Schlauer trimmt die Ausdauer. Frankfurt 1977

DIEM, C.-J.: "Intervallisierendes Ausdauertraining für den untrainierten Laufanfänger" - Das Darmstädter Modell. In: Sportunterricht 33 (1984) 3, 104-109

FREY, G.: "Entwicklungsgemäßes Training in der Schule". In: Sportwissenschaft 8 (1978) 2/3, 186-187

FREY, G.: Training im Schulsport. Schorndorf 1981

HARRE, D. (Red.): Trainingslehre. Berlin (Ost) 1982

HOLLMANN, W.: Prävention von Herz-Kreislaufkrankheiten durch körperliches Training. Stuttgart 1965

JUNG, K.: Sportliches Langlaufen. Puchheim 1984

KEUL,J. et al.: "Biomechanische Grundlagen des Kinderleistungssports". In: Leistungssport, Beiheft 28 (1982)

KNEBEL, K.-P.: Funktionsgymnastik. Reinbek bei Hamburg 1985

KNEBEL, K.-P./ HERBECK,B./ SCHAFFNER,S.: Tennis-Funktionsgymnastik. Reinbek bei Hamburg 1988

KURZ, P.: "Gesundheitserziehung im Schulsport". In: Dokumentation: Sport und Gesundheit. Gesundheitserziehung im Kindes- und Jugendalter. Ludwigsburg 1987, 36-42

LENNARTZ, K.: Kinder laufen lieber länger. Hilden 1979

LETZELTER, H: "Beweglichkeit als Trainingsziel". In: Sport Praxis 24 (1983) 1, 15-16

LETZELTER, H./ LETZELTER, M.: Krafttraining. Reinbek bei Hamburg 1986

LETZELTER, M.: Trainingsgrundlagen, Reinbek bei Hamburg 1978

MAEHL, O.: Beweglichkeitstraining. Ahrensburg bei Hamburg 1986

MAREES DE, H.D.E.: Sportphysiologie. Köln-Mülheim 1979

MAREES DE, H.D.E.: "Übersichtsbeitrag Sportmedizin". In: Sportunterricht 33 (1984) 3, 85-97

MARTIN, D.: Grundlagen der Trainingslehre, Teil I. Schorndorf 1979

MEDLER, M.: Ausdauerlauf in der Schule. Neumünster 1987

SCHMÜCKER, B./ HOLLMANN, W.: "Zur Frage der Trainierbarkeit von Herz und Kreislauf bei Kindern bis zum 10. Lebensjahr". In: Sportarzt und Sportmedizin 24 (1973)

SCHOLICH, M.: Kreistraining. Berlin (Ost) 1982

SÖLVEBORN, S.A.: Das Buch vom Stretching. München 1983

SPRING, H. et al.: Dehn- und Kräftigungsgymnastik. Stuttgart/ New York 1986

TAUCHEL, U./ MÜLLER, B.: "Untersuchungen zu Muskelfunktionsstörungen im Kindesalter und die Bedeutung des arthromuskulären Gleichgewichts für die sportliche Belastung". In: Medizin und Sport 26 (1984) 4, 120-125

WEINECK, J.: Optimales Training. Erlangen 1983

WIRHED, R.: Sport-Anatomie und Bewegungslehre. Stuttgart/ New York 1984